O. DE BÉZOBRAZOW

Le Renouveau

Conférences
de Propagande Initiatique

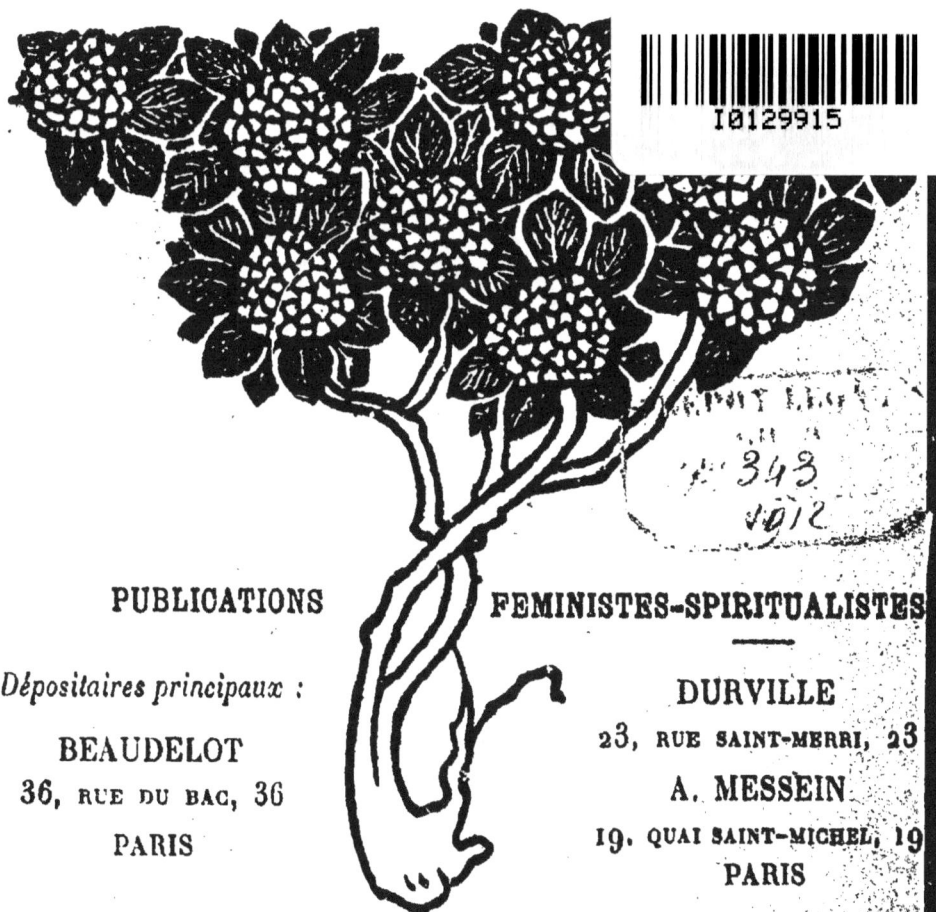

PUBLICATIONS

Dépositaires principaux :

BEAUDELOT
36, RUE DU BAC, 36
PARIS

FEMINISTES-SPIRITUALISTES
—

DURVILLE
23, RUE SAINT-MERRI, 23
A. MESSEIN
19, QUAI SAINT-MICHEL, 19
PARIS

Le Renouveau

Kerouac.

O. DE BÉZOBRAZOW

Le Renouveau

Conférences

— NOUVELLE ÉDITION —

La vérité vous affranchira.
Saint JEAN.

Publications du FÉMINISME-SPIRITUALISTE

PRINCIPAUX DÉPOSITAIRES :

BEAUDELOT
3o, RUE DU BAC, 3o

A. MESSEIN, ÉDITEUR
19, QUAI SAINT-MICHEL, 19

PARIS

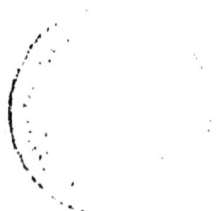

AUX JEUNES GÉNÉRATIONS

Vous en qui je salue une nouvelle aurore,
Vous tous qui m'aimerez.

(BEAUDELAIRE).

O jeunes combattants allant vers la Patrie,
Du Beau, du Vrai, du Bien, ce livre ouvert de Dieu,
O jeunes combattants à la lutte aguerrie,
    Levez l'arme bénie,
Par tous les vents du ciel créant les cœurs de feu ;

Ne comptez pas les jours dont le poids courbe et pèse
Ni les nuits en plein vent, les marches sans repos,
Ne pleurez pas l'asile, heureux, calme et plein d'aise,
Pour la moisson sacrée aiguisez votre faux ;

Le monde se tournant sur son lit de souffrance,
Attend votre secours et dans l'ombre gémit,
Semez à pleines mains les fleurs de l'espérance,
La force qui délivre en votre sein frémit ;

Mais ne la donnez pas aux refrains d'aventure,
Au mirage éclatant des bonheurs mensongers,
Lisez le Verbe intime inscrit dans la nature,
Du livre de l'Esprit soyez les messagers ;

Soyez l'ardent tocsin, soyez la Lyre en fête
Redisant les échos d'" :mb ables travaux,
La profonde forêt de.   s t sans prophète,
Qu'elle vibre et tressaille ..x chocs de vos drapeaux ;

Tout s'éteint et s'efface et s'éloigne avec l'âge,
Seul, ton œil conscience, ouvre l'obscur tombeau !
Le plus puissant n'est rien abordant ce rivage,
Si sa pourpre pâlit devant l'humble flambeau ;

Oui, cœurs étincelants du feu de la jeunesse,
Répondez au pervers épris de vil plaisir,
Répondez au menteur prodigue de promesse,
Que le maître c'est Dieu que vous voulez servir ;

Dites-leur que le Beau, pic de neiges des cimes
Veut des fronts envieux de blanche pureté,
Dites-leur que le Vrai se levant des abîmes
Confronte les esprits avec l'éternité ;

Dites-leur que le Bien qui gouverne l'espace
Est un hymne enlassant les mondes aux soleils
Sur la porte du ciel, où l'Amour divin passe
Entouré par l'essaim, pressé d'astres vermeils !

Dites surtout qu'aimer, jusqu'au dur sacrifice,
L'Idéal dont on meurt sous l'azur radieux,
C'est vivre dans la joie avide du supplice
Qui du limon humain pétrit l'âme des Dieux ;

O jeunes combattants allant vers la Patrie
Vie, amour, liberté de tout l'infini bleu,
Serrez vos bataillons à la lutte aguerrie
            Levez l'arme bénie
Par le cœur de la Femme et le regard de Dieu.

INTRODUCTION SUR LA MÉTHODE DU FÉMINISME-SPIRITUALISTE ET INITIATIQUE

(Ma Doctrine).

Le Zohar, ce canon de Kabbale, dit (1) :

« Toute forme dans laquelle on ne trouve pas le principe masculin et le principe féminin, n'est pas une forme supérieure et complète. » Sans nul doute, l'univers des idées précède celui des formes ; la forme n'accordant expressément que ce que le principe stipule. Cela est si vrai, que le profond travail qui se fait dans le devenir social, pour faire le jour d'une meilleure société, doit effacer d'abord par un solidaire sentiment d'acceptation réciproque de l'équivalence des sexes, *le crime commis contre l'Esprit du Féminin*, ceci, pour pouvoir faire sortir ensuite, une forme sociale supérieure et complète. Laquelle ? Celle de cette cité future qui rayonnera l'âme de l'Humanité Intégrale, vivant les réalités de

(1) *Le Kabbale Franck*, p. 233.

l'harmonie créatrice, comment ? Par la représentation du principe masculin et du principe féminin,
stipuler *sans restriction, parce que toutes les qua-
lités de la forme parfaite correspondent à l'action
divine signée : Justice.*

Nous n'aimons pas assez la vérité et c'est ainsi
que nous sommes prisonniers de l'erreur ;

Quoi faut-il répéter ici, que pour rompre une
bastille, il suffit d'une vérité ; mais pour pénétrer
dans le royaume de cette vérité, il faut arracher le
gond de la porte de tout préjugé, il faut vouloir se
pencher sur tout fait où s'aperçoit du jour ; car la
lumière est partout. Oui, interrogez l'éthnologie,
l'éthique, la philosophie reconstituant l'historique
du passé du féminin, interrogez en un mot le féminin universel, qui a dans l'âme une traduction de
l'antique Révélation, et une synthèse profonde
rayonnera à vos yeux, ayant pour base la loi primordiale des antiques traditions et pour couronne-
ment les droits nouveaux des jeunes libertés.

C'est là une de ces surprises que nous fait la
logique du rythme de l'évolution ; en effet, de
nos jours on s'est aperçu que la tradition étouffée
de l'antique Révélation respire l'équivalence des
sexes.

Le passé du Féminin se tient debout sur un piédestal, d'où s'épanouit plus splendide la tunique
d'or de l'Isis voilée donnant un démenti à l'omnipotence du masculin, et à son inviolabilité officielle.

Néanmoins on nous dit encore : « A quoi bon

mêler la tradition à l'émancipation de la Femme ! »

Et quoi ! la connaissance de l'Esprit du Féminin pour pratiquer la vie consciente serait inutile, et son émancipation serait nécessaire ; quoi vraiment, lorsqu'il s'agit d'étudier l'épanouissement logique du féminin selon l'orientation particulière de sa nature, embrassant nécessairement tout ce qui la distingue de l'homme, — j'entends par là, ce que l'Esprit conçoit dans le Féminin comme constituant son essence immuable, lorsqu'enfin la vérité du mythe, traversant le cœur du symbole d'un trait sublime, ébranle la porte de la vieille tyrannie masculine, l'histoire recevrait l'ordre de se taire ?

Et ceci à quel moment ?

A l'heure où tous les vents de l'Esprit, qui soutiennent et relèvent portent partout leur espoir vers le Féminin qui s'éveille et s'accoude au bord du problème de la vie consciente ; de la Pensée du Féminin, s'envolant d'âme en âme, et n'attendant que l'épanouissement universel de son principe, *pour s'organiser*, se libérer *complètement* dans l'évolution d'un nouveau psychisme, qui avant la fin de ce siècle, fera disparaître la dernière survivance de l'assujettissement de la femme.

S'il est vrai que les principes et les lois sont les ailes des grandes libertés, comme des grandes pensées, tout ce que l'arbitraire masculin, défaisant le droit, a fait du féminin, du matriarcat pris de force par le patriarcat, par la trahison de la loi naturelle, ne sera redressé, désarmé, détruit que par la *reconstruction du Féminin dans la forme du Féminin*; de sa cité organique renouvelant au sommet de la civilisation moderne, ce qui était à la base des civilisations antiques décapitées, pour faire sortir de ce contre-coup la paix des sexes.

Est-ce une chimère qu'un tel but? Songez-y, détruire l'argument classique de la supériorité du principe masculin, prouver que l'homme n'a pas toujours régné, quelle lumineuse rature à son orgueil, à la condition universelle de son omnipotence!

Car tant que la plénitude du Féminin, de son équivalence avec le principe du masculin, ne sortira pas, des attributs égaux des deux sexes dans le divin, tant que sera là, la suprématie du principe masculin, résultante logique de l'antropomorphisme, c'est-à-dire d'une religion qui ne veut voir qu'un sexe dans la divinité, que le féminisme cède ou triomphe, il ne reverra pas la terre promise, il ne plantera pas le drapeau de l'Humanité Intégrale, il restera un édifice inachevé tout neuf et déjà vermoulu.

Et vous ne vouliez pas que nous disions que le féminisme, qui n'est pas sœur du spiritualisme, n'est pas le réveil. Pourquoi? parce que le Féminisme contraire à l'Esprit du Féminin, est illogique.

Et vous ne vouliez pas que nous disions que tant que la femme moderne lâchera prise dans cette grave question où on sent la souveraineté du Féminin sur lui-même, tant que le Féminisme ne reprendra pas au cœur de la tradition le fil brisé de la grande synthèse, le socle social du féminin ne rentrera pas entier dans la terre promise de l'équilibre et de la réalité.

Pourquoi? Parce qu'il faut se pénétrer de cette idée qu'il n'y a pas d'évolution rationnelle, dans l'avenir, sans l'appui de solides attaches dans le passé ; sans une confrontation de principe faisant vibrer dans les âmes une perpétuelle résonnance de l'univers. Certes, mes opinions n'ont pas varié, dans tout ce que j'ai écrit, partout où j'ai écrit, dans tout ce que j'ai dit, partout où j'ai parlé, j'ai toujours soutenu que le féminisme ne restera actuel, fécond et vivant, qu'en embrassant ces deux idées mêlant leurs pas accélérés à *La Renaissance spiritualiste et la mission spiritualiste* de la femme. Soyons pensifs devant le Livre ouvrant le passé sacerdotal de la femme.

Il donne le spectacle d'un sommet superbe autour duquel s'éveille l'histoire.

Remarquez ceci en effet, au fond de cette immense vérité le sacerdoce de la femme, on sent une poésie dépassant en grandeur toutes celles de l'imagination, toutes celles qui s'emparent irrésistiblement des foules, parce que c'est elle qui rend respirable la fumée des encensoirs, étant cette chose sacrée l'idéal de Beauté, d'Amour et de Justice, rayonnant une certaine sublimité du féminin, qui n'apparaît qu'à des heures de l'histoire, où on dirait que l'âme du monde saisit l'occasion et veut montrer tout ce que peut être la Pensée du Féminin.

C'est ici qu'apparaît l'utilité d'une connaissance spéciale, tirant des principes fondamentaux du féminin celle de sa méthode propre.

Telle est l'idée dominante du Féminisme-Spiritualiste et Initiatique ; mais suivre l'évolution de l'Esprit du Féminin, serait une analyse trop longue, je me propose donc de réduire mon sujet à trois aspects du Féminin se pénétrant l'un l'autre dans ces trois degrés historique, mystique et social, qui pourrait bien être les préliminaires de tout un ordre social nouveau.

Par quel moyen ?

En manifestant la concordance, diversement admirable de l'antique et du moderne.

*
* *

Qui pourrait songer autrement au Temple de la Déesse, « à cet idéal cristallisé en marbre pentélique » comme dit Renan dans « sa prière sur l'Acropole », qu'avec admiration et vénération.

O éternelle Sagesse, le penseur qui soulève un coin de ton voile, trop pesant pour des mains inhabiles, se désaltère au calme torrent de ta tradition.

Oui, pour le penseur, pour l'artiste, pour le voyant, n'y a-t-il pas des heures inoubliables, ineffables, où dans la grandiose simplicité du Panthéon, la vraie joie du Beau, fait comprendre l'initiation que conférait à son peuple Pallas-Athénée, ce chef-d'œuvre en or et ivoire, dont la mâle élégance réalisait l'idéal rêvé par tant de générations d'artistes, qui avaient travaillés, soufferts, aimés à travers le rayon de sa beauté.

Ce que le penseur à force de patience est parvenu à comprendre ton geste auguste, O Salutaire, le mettait à la portée de tous, des plus savants comme des plus simples. Comment ? par la rencontre des claires lois de la plastique, donnant la sensation du réel, la vision du monde vivant, qui est toute l'histoire de la ligne horizontale, de son mysticisme rationnel recevant la nature dans son essence.

Oui, il faut que la pensée évoluée d'aujourd'hui s'astreigne à l'observation constante scrupuleuse, toujours plus approfondie de ton mythe, à la réalité de ses lois fixes exprimant les réalités de la nature, hors desquelles nul ne peut rien.

Déesse altière et magnanime, incarnant la Pensée, gloire à ta synthèse profonde, rayons des triangles de l'étoile flamboyante du sceau sacré ; foyer d'une civilisation dispersée, qui à son heure alluma la lumière du monde ; hélas ! l'adversité qui t'a éprouvée, Déesse proclamée de l'Acropole, a fait traverser le morcellement à ta magnifique unité, qui se divisant s'est livrée d'elle-même à l'ignorance ; et l'exhalaison ardente du culte bacchique défit la pureté de ton culte, auquel il ne croyait qu'à demi ;

Méprise fatale ! ton fait universel a été réduit à

un fait local par les ténèbres grandissantes dont le
grand vent soulevant à flots les hommes étouffa ta
voix, fit taire ton âme qui avait fait l'éducation du
monde, et les siècles tragiques de ta déchéance
commencèrent, tuant ce que tu voulais sauver,
et sauvant ce que tu voulais tuer.

Mais du fond de ton sépulcre, tu protestais pour
les clartés que contient ta splendeur première ; ô
aînée de la civilisation ! Il suffit d'un rayon pour
remonter au jour ! Voici, les temps sont venus,
prédits par les initiés ; des confins de la terre les
foules viennent contempler ta lumière, apportant à
tous la liberté et la raison ; les vagues des générations reviennent à toi, ô Sagesse, car les peuples te
doivent les meilleurs jours de leur vie.

Si l'humanité t'avait donné sa vie, elle aurait
compris la vie. Cela est si vrai que le regard du
genre humain se repose encore sur les points lumineux de l'Antique Révélation dont tu es le vertigi-
neux aimant.

Ne l'oublions pas, ne l'oublions jamais. Ceux qui
vivaient par toi, ceux qui mouraient par toi savaient
que tu ne connaissais pas tout le mystère, que tu
n'étais qu'une correspondance à un mystère plus
grand, montant pareille à la nuée du passé et de
l'avenir et glorifiant la gloire perpétuellement
renaissante de la Vierge et de la mère, mise sur le
chemin des tyrannies interdites.

∴

En effet, si vous cherchez de quel nom appeler
cette civilisation remontant à la Révélation première
de la nature cachée dans les hiéroglyphes et les
symboles ; de la nature éternelle épouse du divin ;
si vous cherchez le nom dont il faut qu'on nomme
cette ère, s'enroulant comme une gerbe immense
autour du rameau fleuri de la Minerve de l'Acropole,
triomphant sur le glaive menaçant, le trident de
Neptune, vous reconnaîtrez que la terre sacrée de
Palas-Athénée, comme la terre sacrée d'Isis, par
les fêtes de leurs grandes déesses, autour desquelles
tout un peuple battait des mains, glorifiait la civilisation antique glorifiait le principe Féminin, pris dans
son essence transcendantale et secrète ; et le mythe
universel vous parlera et vous tendra le premier itinéraire de l'humanité, tracé sur l'ordre naturel, par
les grandes déesses bienfaisantes, et il vous semblera
sentir l'éblouissement dont ne sait quelle aurore
finie, qu'il serait bon de recommencer.

Alors vous verrez enfin apparaître là-bas en Afrique,
en Asie le radeau de l'Atlantide disparue, dont parlent Strabon et Diodore de Sicile, et dont Hésiode
entendit encore retentir la catastrophe ; et ici en Europe le Cercle de toute l'histoire préhellénique et
étrusque étonnera vos regards par la majesté inat-
tendue de la tradition portant au front l'ère de la

femme qui s'appelle, le matriarcat, la matrie, comme le patriarcat s'appelle la patrie.

Est-ce qu'Aristote n'y songeait pas en disant : « Tous les peuples ont obéi à la femme »

.·.

Je l'ai dit dans une autre occasion (1), la loi des réactions nous gouverne.

Oui, les pas du temps sont rythmiques.

Le rythme est la formule profonde de l'évolution faisant pencher la balance des temps à la suprématie de l'un ou de l'autre sexe, se reflétant dans toutes les alternances organiques ou critiques de la nature, s'expliquant de cause à effet par leur Harmonie avec l'évolution planétaire ; car la loi de l'alternance, en dehors de l'évolution consécutive est une loi cosmique indépendante des préjugés sociaux ; une étape de déplacement des formes successives divisant la marche de l'humanité par le mouvement de la loi du rythme invincible, qui est la pleine vue de l'équilibre planétaire faisant tourbillonner au vent les siècles et leur civilisation ; la loi fondamentale de l'Harmonie universelle, le battement du cœur des Univers disant : flux et reflux, c'est-à-dire équilibre.

(1) *Les Batailles de l'Idée*, tome II, Leymarie, 42 p. St Jacques.

.·.

Ainsi pour ne prendre qu'un exemple entre mille autre, le cycle de la religion orphique allonge ses profondeurs vers la tradition cachée des cycles du Féminin, aux corolles familiales, conservatrices, religieuses des antiques mythes des grandes Déesses solaires, depuis la révélation antique de Sapho accrochant sa Lyre aux murs sanglants de l'histoire, jusqu'au berceau de Déméter qui, béni, sacré, sublime, frémit dans le bec de la colombe ionique l'apportant de l'île de Samothrace à tous les foyers de l'initiation hellénique. Et il ne s'agit pas ici de hiéroglyphes mystiques ; lisez les anciens : Libanus par exemple, dit que la célébration des mystères de Samothrace se prolonge jusqu'à la fin du iv° siècle de notre ère.

D'ailleurs est-ce que nous ne voyons pas, le culte le plus pur de l'antiquité, celui d'Eleusis, sortir du centre des initiations féminines, traverser les temps et déployer majestueusement ses grandes ailes qui sont celles du culte de la terre-mère, du système tellurique, lumineuse extériorisation des anciennes déesses solaires contenant l'éternelle toute-puissance de la nature éparse en tout.

Mais quand la femme perdit le secret de la puissance qu'elle tenait de l'épanouissement même de la religion naturelle en Dieu ; quand le génie du Féminin, dont un des aspects est cette théocratie reli-

gieuse, qui dota l'Egypte des éblouissantes merveilles d'une civilisation, illuminée par la pléiade
des siècles composant son unité ; quand l'Esprit du
Féminin dis-je, dont les premiers linéaments se
perdent dans la nuit des temps, se consuma,
dans les laves de la formidable irruption du Masculin, parce que se dessécha, l'épi de blé jeté par
le divin qui le nourrissait, la forme du Féminin
avili, n'était plus qu'un masque fardé des anciens
principes.

En vérité, n'est-il pas inutile de multiplier les
arguments, de prolonger à l'infini une démonstration déjà faite ailleurs, pour être amener à reconnaître que les épaves de l'ère gynécocratique matriarcale, émergeant à la surface de l'histoire ne
sembleraient être que des fragments d'un long
passé enregistrant dans ses replis, un monde de
faits, de souvenir, de grandeur, permettant d'entrevoir une ère féminine dans le passé, prouvant
par l'analyse et par la synthèse qui se constate his-
toriquement, l'unité de la grande tradition échappée
à l'Humanité et mettant face à face l'histoire avec
le mystère suprême, nous apportant cette énigme
le mythe et nous en donnant le mot : le Matriarcat.

.·.

Sortons quelques faits historiques attestant l'ancien monde et son Esprit émanant d'une vie au-

trement construite, sur d'autres principes que la notres.

Rappelez vos souvenirs, c'est la dynastie des Ptolémées, dont toute la force est dans le principe féminin.

C'est la maison royale des Tarquins, enlacée au cep matriarcal qui du fond de l'Asie dresse son tronc colossal et dégradé.

Ainsi Alexandre se trouve en présence d'un des mouvements les plus curieux de la gynécocratie dans l'histoire. Lequel? Celui de cette constitution amazonique qui faillit par ses propres excès.

Songez-y, les Espagnols en appelant Amazone le grand fleuve brasilien, mêlèrent ce nom à leur conquête parce que la vision du règne des amazones était partout répandu en Amérique.

D'ailleurs le fait dans son authenticité même est cité par Christophe Colomb qui parlent de plusieurs peuplades des Antilles obéissant à des femmes.

Ajoutons que ce fait historique est corroboré par le fait ethnologique, qui, à travers les caractéristiques d'un type uniforme, relèvent la connexion étroite entre le croisement des derniers Atlantes des contrées méditerranéennes, les Etrusques et leurs descendants les Ligures, les Ibères, ces débris des races perdues d'Amérique épaves éparses de la chute insondable des Atlantides inconnues (1).

(1) Voir Papus *Les origines de l'Humanité*. L'Amérique a pour essence humaine la race rouge ; cette race rouge a des caractères particuliers, dont l'épaississement de la

Remarquez ceci, les recherches sur les origines de la civilisation mexicaine révélées par les divers symboles des Aztèques, dont les sculptures portent l'Hiéroglyphe d'Amon-Ra, comme les découvertes archéologiques faites sur le sol même de la Tyrrhénée, comme celles des personnages peints sur les vases et sur les murailles de Tarquinie, des Nécropoles de Tarquinie tout cet enchaînement de faits enfin, parlent de l'existence des antiques relations entre les deux continents.

Nommons dans notre course rapide les prêtres égyptiens enseignant à Solon qu'une île immense existait au sein de l'Atlantique.

Ajoutons-y les preuves géologiques établissant l'effondrement d'immenses terrains précisément dans la mer de Sargasse, se rencontrant avec celles d'autres révolutions géologiques : la transformation des mers en déserts de sables, en Afrique et en Asie.

Enfin rappelons en passant que les faits ethnologiques historiques et géologiques s'apparentant ici au fait linguistique ; ainsi les langues américaines s'enchevêtrent étroitement à la construction grammaticale, inhérente à la race rouge, aujourd'hui presque submergée par les flots de sang blanc, dont ces langues tellement extraordinairement mar-

machoire. Mettez un bon Irlandais, un brave Ecossais, ou un doux Allemand sur cette terre d'Amérique : au bout de deux ou trois générations *son menton devient carré, il est marqué* du sceau du continent américain.

quées à l'empreinte matriarcale, possèdent au plus
haut degré le caractère agglutinatif, et vous reconnaîtrez l'autorité visible d'une tradition par son caractère d'unité et d'universalité.

∴

O brièveté chétive de l'histoire, quand donc ceux
qui la lisent, remontant aux sources originelles,
prendront-ils mesure sur la loi de la nature, des
perspectives s'ouvrant de toutes parts à la rencontre
de ces deux phases de l'évolution, de ces deux systèmes la Matrie, la Patrie, dont l'un est l'expression
de la collectivité et l'autre de l'individualité.

Et bien ! la forme collective n'est-elle pas pour tout
esprit sagace, celle de la civilisation future, rapprochant les étapes évolutives d'un psychisme supérieur tendant logiquement à la satisfaction de notre
époque et ouvrant le registre même de l'avenir ? !

Quoi qu'il en soit, de toutes ces impulsions ini-
tiales qui dans le cours d'une évolution subordonne
par exemple l'idée maternelle démétrique à son op-
posé l'idée appolonique des Hellènes, et au système
paternel Dionysiaque ; de toutes ces traditions qui
eurent un monde sous leurs pieds, aux yeux attentifs
du chercheur, apparaît une forme nouvelle une
forme absolument excentrique à la société patriar-
cale, *ce qui à coup sûr est d'une grande signification et tous les esprits sérieux sont assez d'accord
pour en convenir;* une forme logique et homogène
qui explorée, fouillée, cherchée appuie la thèse

d'une ère matriarcale pleine du nom des grandes déesses se dressant en le berceau de l'humanité. De ces entités féminines que tous les peuples prennent pour pilote sur l'obscure mer des éléments, car le Matriarcat et la Religion naturelle s'enchevêtrent comme l'action à la pensée ; chose digne d'attention, c'est cette forme sociale inaperçue sortant tout à coup de l'ombre, c'est cette construction généalogique par la femme, c'est cette parenté par la femme, de son rang social étiquettant l'enfant *qui seul explique selon l'opinion même des savants, la signification originaire d'une série de mots qui sont comme les ailes brisées des traditions dans la cage trop étroite de l'histoire.*

Au milieu de tant d'antique débris de tant de ruines récentes restons un moment penché sur cette construction du féminin dans la forme du féminin, et demandons-nous qui y a-t-il vraiment en dehors des droits de la mère créatrice de maternité ?

La violence.

Car c'est du droit de la nature même qu'est fait le droit de la mère.

Si la conception tellurique fondement historique du Féminin, a été perdu, c'est par ce que l'enchaînement rythmique des cycles suit une loi ; c'est parce que nulle calamité ne s'arrête ; c'est parce que l'évolution rétrograde de la femme, descendant d'échelon en échelon, de misère en misère de la formule vraie de toute vérité intérieure de son principe d'organisation collective, engendrant la fra-

ternité, continua jusqu'à la formule individualiste
du Masculin, qui armé des armes de la Force lutta
pour les choses avec lesquelles on coupe toutes les
ligatures vivantes entourant le droit qu'elles sup-
priment par arrêt.

Le Patriarcat fut le linceul du Matriarcat. Pourquoi ? Parce que la Force est presque toujours traître
au droit.

Ainsi la dernière étape franchie par le Devenir-
patriarcal est celle de l'époque romaine, qui couvrit
la voix de Justice de l'Évangile.

Certes, malgré le culte des vestales, exprimant
encore le trait-d'union du Féminin avec l'univers
spirituel, Rome n'a été qu'un colossal patriarcat,
portant sa tyrannie dans sa main, pour forger à
la femme une pénalité terrible et obscure, qui
acheva de signer la sentence contre le Féminin, par
toutes les complicités soutenant la loi de la Force.

Si un souffle de l'âme puissante du Christianisme
naissant, vient vers la femme dont saint Chrysostome disait « qu'elle peut être aussi soldat du
Christ » si ; le Christianisme qui s'appuyait dans
toutes ses parties principales sur le développement
du prosélytisme féminin d'où découle la conversion
des royaumes, eut un tressaillement de gloire et de
joie à l'approche de l'apostolat féminin, sa réforme
morale demeura impuissante contre le plus avilissant
des Codes, le Code romain, car les peuples se ruant
sur Rome pour lui ressaisir la terre, adoptèrent le
sabre du tyran et la femme n'eut plus qu'à souffrir.

Quoiqu'il en soit, la sublime synthèse de la divinité féminine se renouvelle dans un second aspect.
Regardez cette figure exquise et magnifique, qui
sous les ogives des longues nefs, dans l'intérieur
sombre et puissant des cathédrales, semble re-
cueillir toute la chaleureuse lumière des lointains
architecturaux, parlant dans la pierre vive des *cathédrales le langage pathétique de la ligne* verti-
cale, dont la splendeur plastique nouvelle se sature
d'idéal.

Regardez cette beauté angélique, dont la plénitude
de la forme, paraissant presque échapper aux lois de
la pesanteur terrestre, s'est comme dissoute dans
la profondeur de l'expression. Regardez cette forme
spirituelle, créatrice d'un art d'un symbolisme pénétrant, qui a été un immense acte de foi, un hommage à l'Esprit du Féminin. Entrez dans la lumière
de sa méditation, chantant la fleur choisie de la
chrétienté, le lys du jardin clos et fermé des canti-
ques, Marie, la mère de Dieu et des hommes, Marie,
la Reine des apôtres, Marie, l'Etoile du matin et
vous comprendrez qu'autour du mystère de la très
sainte Vierge, se dresse toute la puissance multiple
qui peut sortir des choses occultes ; voilà pourquoi
les portes compliquées des textes liturgiques ont
jusqu'ici jalousement caché la signification de son

mystère, qui était dans l'aurore même de l'humanité, celui de la Vierge éternelle des antiques
croyances, sur le piédestal de la vérité voilée.

De là, ces paroles profondes, dites par Marie
d'Agréda dans la *Cité Mystique* : « Dieu dans ses
desseins pleins de sagesse de sa divine Providence,
n'a point voulu manifester dans les premiers siècles
de l'Église, tous les mystères ineffables de l'auguste
Marie ».

« Les Evangiles eux-mêmes durent garder le silence sur tout ce qu'ils connaissaient de la mère de
Dieu, parce que le temps convenable n'était pas
encore venu. »

O Marie, mère de la Sagesse éternelle, ô Marie,
le monde respirant votre odeur de sainteté, eut le
pouvoir de rêver en vous l'union du Beau et du
Bien, de l'art et de la morale ; rien de plus pathétique, que l'amour sacré qui remue dans les plus
intimes profondeurs de votre âme généreuse,
vaillante et tendre ; mais c'est parce que vous avez
emporté si haut l'âme du Féminin à la suite de votre
gloire ; c'est parce que votre impulsion divine est un
tourbillon sublime d'extase qui a perdu de vue la réalité ; c'est parce que la haute demeure de votre Tour
mystique, se cache dans les cieux, que malgré les
mille et mille ans de royauté, tourbillonnant devant vos siècles de lumières, de splendeur, d'héroï-
sation de la vie, devant votre type ineffablement
pénétré par la grâce, *la Justice, l'idéal des jours
nouveaux*, fait le petit geste las de l'indifférence ; et

voici que votre face émaciée, modelée dans l'or bruni, évoque la langueur, la désespérance muette des décadences, et vous passez en vous effaçant, sous la haute porte de l'avenir.

.·.

Mais que pourriez-vous craindre, et comment pourriez-vous douter, toutes les réalités du sceau des vérités cachées sont avec vous. Car c'est par vous que mûrit lentement à travers les siècles la pensée supérieure de la reconstruction du féminin par le progrès moral. Le culte de la mère des cieux est une essence supérieure au moyen de laquelle, dans des milieux différents, s'est préparée une augmentation de Justice allégeant le poids de la destinée féminine, depuis cette atmosphère d'adoration et de protection qui a fait la grande âme de la chevalerie, jusqu'à l'aboutissement où apparaît le troisième aspect du féminin, la Justice sociale qui se lève et qui dit : Je suis femme.

Nul n'ignore que les anciens représentaient la Justice, sous la physionomie sévère de Themis, tenant un glaive d'une main et une balance de l'autre.

En effet, si la Force construit, c'est la Justice qui régularise.

Marchons donc vers l'avenir avec confiance, car l'abîme intellectuel et moral, creusé entre les sexes par les siècles accumulés ne se comblera ni par la philosophie théogonique, ni par les profondeurs lumineuses de la mystique, mais par la justice, glorifiant une force plus forte que la Force, celle qui prend le flambeau en main, pour corriger la loi par le droit, celle dont nous entendons bruire les pas précipités comme un appel à toutes les bonnes volontés, car la Justice n'est pas dans la loi mais dans la conscience.

Voilà pourquoi la croissance du Bien social dépend avant tout, du niveau collectif des consciences, de la communion intellectuelle et morale de l'humain et du divin, mettant l'équilibre entre la Force et le Droit.

Déjà, partout les ouvrières d'un monde nouveau grandissent, brillent et animées du même dessein adoucissent pour toutes et pour tous la montée progressive vers les vraies libertés, en montant la pente de l'injustice séculaire ; partout le branle est donné, oui, partout le sentiment des choses équitables illumine l'intérieur de l'élaboration douloureuse, qui fait jaillir du bloc du passé, du rocher ténébreux des préjugés ta statue lumineuse, O Justice.

On peut dire du féminin français qu'il a de grands courages !

Et pour ne citer que ces noms-là, c'est Mme Oddo-Deflou, l'auteur de *Sexualisme*, un livre plein de vérités, c'est le Féminisme juridique (groupe français d'Études féministes fondé par Mme Oddo-Deflou), faisant parmi nous ce labeur béni, de préciser la loi, d'en arracher l'épine, qui barre le chemin à la femme, afin d'augmenter sur le front de la Loi, la Justice.

C'est « l'Union de Pensée Féminine » fondée avec on sait quel succès, par Mme Lydie Martial, ouvrant des mains pleines de pensées sur « l'Éducation Rationnelle » et en déliant la méthode.

C'est le Féminisme Néosophique, l'Association savante de Mme Céline Renooz, qui, tenant les Livres de la Nouvelle Science et de la Loi des sexes, donne à la Science officielle l'inattendu d'un démenti. C'est le Féminisme catholique de Mme Marie Maugeret accentuant son Verbe émancipateur de la fidélité aux anciennes traditions et au temps monarchique.

C'est dans la même logique profonde le Catholicisme Universel de Mme Bernard ; conciliant la théologie et la tradition se fondant dans toutes les harmonies de l'Esprit du Féminin, dans son livre très remarquable *La Révélation*, enfin c'est Mme Claire Galichon venant nous conseiller en des pages superbe (Amour et Maternité, Ève réhabilitée) l'application de la morale une à la vie, qui, se pénétrant de justice, réalisera mieux l'Amour.

Je me résume, je serai ingrate, si je taisais que l'idée du Féminisme-spiritualiste et initiatique (pour la reconstitution du Féminin dans l'Esprit du Féminin) a des obligations morales à l'Œuvre de Mme J. Beauchamp, Présidente de l'Alliance Spiritualiste qui joint les échelons de la Science aux marches de lumière de la Foi (1): Les guides résolus et prudents de l'Alliance Spiritualiste, le savant cabalis:o M. Jounet (Directeur et Administrateur de l'A. S.) dont l'œuvre multiple se déploye sur le vaste horizon de la Science et de l'Art, et M. Le Leu le Publiciste bien connu (secrétaire général de l'A. S.), constatent par leur exemple les bienfaisances d'une institution qui fait de l'équivalence des sexes son principe.

.·.

La liberté est pensante, ce qu'elle retire d'entraves au Corps, elle le met dans l'âme.

Donc en parlant du passé du Féminin, de son avenir, des gloires féminines présentes, en saluant la grande vision de celles qui viennent, de celles qui ne veulent plus de rapetissement ; de celles qui ne craindront ni pour leur vocation, ni pour leur foi, ni pour leur amour les langues de feu du mensonge social ; de celles qui vivront enfin en face de la vé-

(1) Etudes comparées de la Doctrine Esotérique des Religions et Philosophies religieuses, par Mme Beauchamp. Beaudelat, 30 rue du Bac.

rité, enhardies dans le dessein d'une vie meilleure et plus belle sans lisières, ni béquilles, je ne me sens pas le droit de taire le mal que la femme se fait à elle-même, en se gouvernant encore par le mensonge conventionnel d'une fausse psychologie, qui s'incorpore à toutes les lâchetés et à toutes les platitudes tournant sur les spirales du mensonge féroce.

.·.

Sans nul doute, si la profonde servitude de l'absurde nous régente encore, la faute en est moins à l'homme, diffamant la femme émancipée parce qu'il ne peut plus l'asservir ; au Masculin aveugle qui tue ce qu'il voudrait aimer et aime ce qu'il voudrait tuer, qu'à la femme qui n'aime qu'elle-même, *et hait tout ce qui la dépasse* ; qu'à celle qui, sans s'inquiéter du mal, constate par la subjugation sa souveraineté, sortant de « l'art d'aimer », c'est-à-dire d'étourdir pour vaincre, de se déshabiller pour s'habiller, *d'amoindrir l'homme pour mieux le conserver à son niveau ;* car la femme qui séduit par l'attraction inférieure ne peut conseiller par la raison, et sans raison l'amour mène à la folie. Certes, féconder l'inutile, émietter aux oiseaux de ses insatiables fantaisies des richesses produites par l'effort, et que la vanité d'un geste, distrait du Bien, ceci pour se satisfaire, étant de taille à se colleter avec toutes les inutilités et toutes les folies se résumant en ce mot:

superfluité, cela peut émouvoir, mais ce qui émeut plus encore, c'est la raison en danger.

En vérité, au triple point de vue de la Beauté, de l'Amour et de la Justice, ce sont ces êtres charmants, ces coupables adulatrices, qui sont toutes à leurs astuces comme l'avare est tout à l'or. Ces êtres dont la grâce suprême se revêt d'éclat, d'habilité, d'artifice, qui n'accompliront ni un acte violent, justifié par l'élargissement d'une destinée, ni un acte sain, déliant la langue des faits ; ces êtres factices, parodiant tous les rôles depuis celui de la grande dame naturellement réservée, jusqu'à celui de la courtisane et de ses hauts cris, ce sont ces charmeresses enfin, ayant tiré des leçons de l'homme, l'art de l'attraper, qui pèsent plus sur le Devenir féminin, que tous les Codes, que toutes les tyrannies étant une déviation de l'Esprit du Féminin, *un désaccord égal au vice entre la fin morale des êtres et leur développement, car toute force sociale qui ne sert pas le Bien est immorale.*

Examinons.

Au point de vue de l'Art n'est-ce pas cette femme représentante de tous les snobismes, n'est-ce pas cette femme-là, qui pour le précieux et le prétentieux, pour tout ce qui manque de nerf, de muscles, de pensées, parachève son œuvre destructive et stérile, en frustrant le vrai talent et affame les artistes méritant dont le feu crée, pour les courtisanneries, les flagorneries de banals imagiers, de cabotins, essayant à ces cabotines toutes les auréoles.

Au point de vue moral, n'est-ce pas cette femme-
là, dépositaire des secrets amoureux, si redoutable
par les procédés par lesquels elle saisit, remanie,
repétrit le cerveau de l'homme, qui craignant d'être
démasquée par ceux qu'elle dupe, gagnant tout dans
le mensonge et perdant tout dans la vérité, spécule
sur ses propres artifices pour mieux assurer le pro-
gramme de l'homme ; oui n'est-ce pas cette femme-là
qui est le plus ferme pilier d'un ordre social insalubre,
parce qu'il fait le chemin large à la corruption et le
sentier étroit au travail ; d'un régime incohérent parce
qu'il a pour moteur l'arbitraire codifié, tous les absurdes mensonges de la double morale, effigie de
despotisme, figure de misère, variété de souffrance,
qui sont autant de cause de l'anarchie sociale.

Enfin, et précisément au point de vue social n'est-ce
pas cette femme là, qui s'accaparant de la meilleure
part pour ne jamais faire le Bien, et sentant dans l'intellectuelle ou dans l'échappée au mari ou à l'amant
par le célibat chaste une chose suspecte : *la Pensée*
l'opprime, la proscrit, la diffame, tant il est vrai
que la faim de l'idéal a toujours été vu de travers
par la soif de l'or. Oui, n'est-ce pas cette femme
là, qui par une logique fatale, répétant d'en-bas le
geste d'en-haut de l'homme compose son égoïsme
mondain d'incompatibilité avec le vrai bonheur,
parce que l'erreur est un nœud que seul le châtiment dénoue, parce que faire rétrograder le collectif pour l'individuel, rien de plus insensé, parce
que les forces sociales qui ne servent que leurs

intérêts, sont dans une sorte de désharmonie avec
la Pensée universelle, organe de la conscience de
l'Humanité, parce que la règle certaine de jugement
ne vient pas du monde, mais de l'examen de la raison.

Quoi ! songez-y s'écrient ces Messieurs qui s'appellent légion. « La vie de la femme, de la vraie
femme, n'est-elle pas tout entière dans l'excitation
à plaire ? Oui, cette femme est toute la femme, elle
est le sommet de la féminité, l'attraction inférieure
n'est-elle pas féminine ?

Ces rabachages du masculin font sourire, j'en
conviens, celles qui savent que la domination de
l'homme sur la femme est un fait purement physio-
logique ; celles qui savent que la femme la plus
avancée dans la féminité est celle qui atteint le plus
haut degré de spiritualité ; celles qui savent que si
l'amour platonique est essentiellement féminin, il
faut aimer aimer, aimer pour le comprendre.
Oui celles qui savent et sourient, pour ne pas avoir
à en pleurer, que tout ce qui sort d'un égoïsme
démesuré et de ses complications extérieures et
intérieures n'a qu'une fonction : décourager des
choses bonnes, et compléter les choses mauvaises.
N'en doutons pas tout ce qui n'a qu'un but, se
satisfaire, tout cela qui à part soi, se dit, j'ai une
ennemie : la Pensée, *même en pleine lumière, est
une faillite.*

Chose frappante, cette femme qu'on admire,
n'est-ce pas beaux Messieurs qui montrez vos
souliers vernis, par un contre coup fatal perd non

la femme qu'elle visait, mais l'homme qu'elle ne visait pas, venge la polygamie illimitée et son revers le célibat forcé, venge les souffrances, venge les affronts, venge tous les réquisitoires correspondants à toutes les lâchetés, car sachez-le bien, Messieurs les jouisseurs, qui penchés sur vos propres infatuations, vous disputer cette femme-là, *que la bourse la mieux garnie aura, cette femme c'est la revanche se dressant au-dedans, car celle-là, aux mains habiles, est vraiment l'ennemie de l'Homme.*

Maintenant est-ce que la Pensée consciente hait la personnalité de cette femme. Non. Elle combat le triomphe de la plus cynique des nullités. A outrance. Oui.

.·.

Je ne veux pas finir par ces paroles de vérités amères.

J'ai commencé par l'affirmation de la Concorde des sexes dans la formule de l'Humanité Intégrale, je finis et je conclus par cette affirmation de conciliation pour les idées et de réconciliation pour les sexes dans la lumière se rallumant sur les autels des sanctuaires enténébrés de nuées.

Remarquez ceci, en effet, à l'endroit précis, où ces deux idées forces : spiritualisme-féminisme se rencontrent, nous entrevoyons les premières lueurs d'un nouveau psychisme, émané de la source même de la Femme nouvelle, qui ne sera pas la séductrice, mais l'initiatrice de la vraie vérité, délivrant sans subjuguer.

Car le féminin transcendantal a un pouvoir traditionnel, un pouvoir plastique obéissant à l'Esprit du Féminin, comme le fluide impondérable, émanation des corps célestes, à l'influence des astres.

Aussi, il faut toujours avoir présent à la pensée en sexualisme que les éléments psychiques de l'Esprit du Féminin, sont autrement proportionnés que ceux de l'Esprit du Masculin. Ainsi la femme actionnée sur le plan matériel actionne sur le plan spirituel.

En résumé l'antiquité nous a légué le droit de la femme égal à l'homme dans le Sacerdoce, on peut même aller plus loin et dire que le Sacerdoce des femmes est le seul sacerdoce réel de l'antiquité, parce que seul il imposait des devoirs rigoureux se rattachant à des honneurs insignes, et ceci à l'époque culminante du Patriarcat, ainsi un des plus éclatant hommage rendu à Livie fut le droit de siéger au théâtre sur le banc des vestales.

Et quand on pense qu'il ne manque à notre époque si riche et si féconde que l'indispensable, la force solide où s'appuient les cœurs, gardant le rayonnement de l'accord du ciel et de l'Humanité dressant sur l'autel de la Foi, la Patrie éternelle, on comprend que, ce ne sont pas les manifestations divines qui font défaut mais les êtres de grandeur, de pureté, de désintéressement capables de les recevoir, de lier leur pensée aux vibrations pénétrant jusqu'à la Pensée divine, afin de réaliser l'influx de la divinité, dispersant les imperfections humaines en assujettissant les passions à tout ce qui sort de la lumière.

En vérité, n'est-ce pas à la femme d'aujourd'hui, déracinée du vieux sol clérical et sectaire, où autrefois sa pensée se confinait en des cercles hostiles au progrès, n'est-ce pas à la femme éclairée, libérée des préjugés cléricaux et anti-cléricaux ou naguère encore elle se heurtait au froid noir de l'indifférence et de l'ignorance (l'intérêt du prêtre en tout temps en tout lieu, étant de diviser les sexes) n'est-ce pas à la femme enfin, extériorisant plus énergiquement, plus intimement la vie spirituelle, les sens intérieurs, les sens psychiques prédominant chez la femme, n'est ce pas à la femme cousciente enfin, à élever une voix indépendante et désintéressée dans ces questions redoutables que chacun tourne selon ses intérêts en ses haines : l'éducation des âmes. N'est-ce pas à elle à déclarer, à attester, à établir ce monde de logique profonde et inaperçue des esprits superficiels, qui donne à cette rencontre du Féminin et du Spirituel toute sa valeur ; Quelle œuvre que pourra le plus utilement entreprendre la femme préparatrice directe de l'éducation de la Croyance, que celle dont l'âme passera en une nouvelle humanité les sentiments qu'elle lui inspirera.

En effet, quelle voix plus autorisée, quelle voix plus intéressée pourrait s'élever, si ce n'est celle de la mère, de la femme, mettant le holà à tant de hideux sophismes ; la voix du Féminin spirituel et psychique faisant tomber la bastille du scepticisme et prouvant que remplacer le bigotisme par l'athéisme, c'est progresser adosser au même mur de civilisation mensongère ; c'est ramper toujours sous les talons de l'exploitation et de l'hypocrisie et du mensonge, en mettant seulement un peu plus haut le tas de décombres sur les marches desquelles cette civilisation s'appuie.

Sans nul doute, si le point de vue du Féminin pris dans son essence est invariable, à ce moment à l'heure où nous sommes, il est dans l'intérêt de l'histoire humaine de faire voir que tous les courants du passé se retrouvent, se rejoignent et se confondent, dans ce quelque chose qui meurt, dans ce quelque chose qui renaît, dans cette Rénovation religieuse émouvante et nouvelle, se formant avec puissance dans le cœur passionnel de l'humanité. Dans tous ces précurseurs cherchant la figure antique de la Révélation première, pour surprendre le mystère des Harmonies profondes inséparables de la grande Unité. Le nier, c'est ignorer ce qui égale en nécessité tous les savoirs, c'est ignorer une chose qu'on devrait connaître avant toutes les autres. « Pourquoi nous sommes sur terre, comment nous en sommes sortis et ce qui adviendra de nous quand nous en seront sortis. »

En vérité, il n'y a pas d'éducation morale sans croyance religieuse. Pourquoi ? Parce que sans le regard de Dieu, on ne fabrique que des âmes difformes déshabituées des luttes morales ; parce que sans la clef vraie de la vie, on n'en ouvre que la porte vaine, parce que sans la connaissance de l'Esprit, de ses origines, de son existence après la mort terrestre, la vie est un vide insondable.

Quoi dans cette affaire qui est la sienne, le flambeau marchant dans l'ombre de sa tradition, le point central et mystérieux du féminisme universel, ce serait vraiment une complaisance que d'écouter la Femme.

Oui, oui, oui, on ne peut le nier, on ne peut ne vouloir l'admettre, c'est de sa Pensée, c'est de la flamme de sa propre vertu, que la femme attend le système vrai qui la délivrera de la taie des préjugés pour constituer et instituer et définitivement et absolument établir la forme sociale la plus logique et la plus parfaite.

Et sait-on si ce n'est pas pour avoir craint tout de sa propre nature, pour avoir laissé terrasser, abattre, dissiper, le principe même de sa tradition, dans la sombre résignation des vaincus acceptant l'usurpation légalement proclamée, que la femme a cru aux grandes certitudes absurdes qui l'ont asservie.

Je regrette que les lacunes inévitables d'une si rapide esquisse ne me permettent pas de dire plus complétement, de développer plus amplement ces choses essentielles dans l'ordre du Féminisme, qu'il me suffise de saluer ici l'aurore des jeunes générations qui s'élèvent déjà par l'intelligence et par l'amour jusqu'au mystère liant le divin à la nature dans l'Harmonie, des principes régulateurs, en lesquels tous les droits du masculin et du féminin sont réductibles les uns aux autres jusqu'à l'unité de la cause initiale ; oui, salut à ceux qui viennent, à ceux qui liront dans le livre de l'Hymne Universel, les vérités suprêmes dont nous ne faisons qu'épeler le grand alphabet mystérieux ; à ceux qui entre la forme du passé et la forme du présent trouveront la place pour la forme harmonieuse de l'Humanité consciente ; à ceux qui groupant les éléments du corps social selon la libre trajectoire évolutive de l'être intégral réaliseront intégralement leur destinée vitale et leur destinée cosmique, qui initiés plus que nous à la finalité de ces énergies cosmiques, considérant la vie comme la première étape d'une ascension infinie, secouront enfin dans les joies lumineuses des grandes actions, les ailes vivantes de la Foi nouvelle sur un nouveau monde d'amour universel et de Justice.

O. DE BEZOBRAZOW.

Catello-Marino, Décembre 1911.

DU FÉMINISME SPIRITUALISTE
ET DE L'ÉDUCATION DE LA CROYANCE

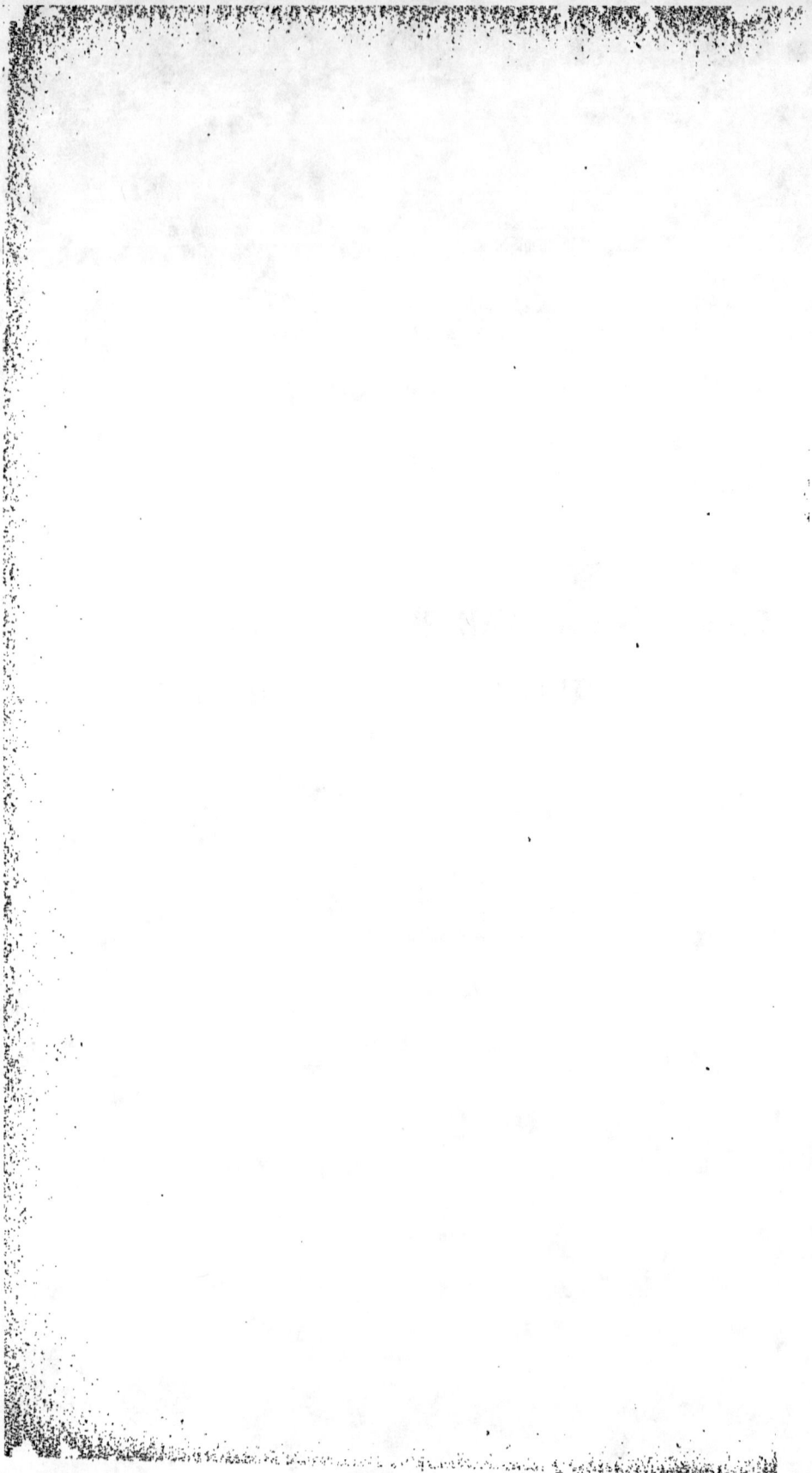

DU FÉMINISME SPIRITUALISTE
ET DE L'ÉDUCATION DE LA CROYANCE (1).

Conférence faite à Paris, le 6 juin 1903.
Hôtel des Sociétés savantes.

MESSIEURS, MESDAMES,

La France est profondément agitée à l'heure actuelle par le grand problème de l'enseignement ;
cette agitation n'est pas finie, et les adversaires de
partis se plaisent à croire et disent qu'elle ne fait
que commencer.

En tous cas, l'ébranlement est tel que cette ques-

(1) Cette conférence a paru en brochure propagande
dans la *Revue spirite*, dans *l'Etincelle*, elle a été traduite
en portugais. C'est un des premiers nœuds du grand fil
d'aujourd'hui : le Féminisme spiritualiste et initiatique,
dont l'origine se trouve dans les rapports faits aux Congrès des Œuvres féminines, 1900, sur La Femme-Educa-
trice, au Congrès spirite et spiritualiste sur le Féminisme-
spiritualiste et dans les pages de la Revue des Femmes,
1896-1897 et 1898, fondée par Mᵐᵉ de Bézobrazow.

tion de l'enseignement se pose partout, et le moment
est excellent pour faire voir la différence qu'il y a
entre la manière de la concevoir, du progrès spiritualiste et, j'ajouterai, féministe-spiritualiste et celle
des controverses cléricales et anticléricales, car on
n'enseigne pas la vérité par le sectarisme.

En réalité, quoi de plus inquiétant, la raison et la
religion coulant en sens contraire, la raison allant
vers l'avenir, la religion allant vers le passé, parce
que se heurtant aux barreaux du dogme, au conventionnel sourd.

Mais une seule chose est à la taille de l'avenir,
c'est la vérité.

La vérité ne se compose pas, elle s'observe ou se
reçoit.

Et j'ajoute ceci : cette vérité qui s'annonce, qui
entrevoit dans les ténèbres les premières lueurs de la
communication entre le monde visible et les mondes
invisibles et leur rapprochement, distingue les connaissances spirituelles de l'esprit clérical, du dogmatisme étroit, qui n'est qu'une petite chapelle dans
un grand temple.

Disons mieux : l'essentiel, c'est ici que l'enseignement des vérités spirituelles soit vraiment un
enseignement de vérités spirituelles dont les écoles
sont les points lumineux ou obscurs, *selon la méthode employée à cet enseignement*, qui, s'il ignore
n'est qu'un enseignement ignorantin.

Le principe est double, ne l'oublions pas, une
mauvaise méthode laisse obscurs les chemins de la

vie, de ces coins ténébreux où se blottit le découragement, où s'embusque le scepticisme, où l'esprit
tendu, sans armes et sans moyens, vers les posses-
sions âpres et lointaines des idées, ne fait qu'échauffer
les cerveaux, sans, d'un souffle vivifiant, réchauffer
les âmes isolées et désertées, parce que sans voiles
sur les mers qu'emplissent les vents libres de l'Esprit.

Qu'on y pense, tous dans la joie ou dans la tris-
tesse, nous portons au cœur un mot qui gémit ou
qui chante, dont tous nos actes sortent comme les
rameaux du tronc, et ce mot dit : *besoin de croire.*
Besoin du front de s'élever vers la science auguste,
besoin de l'âme de boire à la coupe infinie.

Oui, notre temps a un besoin impérieux d'une foi
s'alliant tellement à la haute souveraineté de la raison, qu'elle ne pourrait ni exister, ni être conçue
séparément d'elle. Et l'unique but de la raison, c'est
d'être immensément éclairée et non doctement abru-
tie ; alors se réalisera, et sans qu'il puisse en être
autrement, ce qu'on regardait comme une prétention
exorbitante de la libre pensée : la pleine indépendance de la raison enfantant la foi, connaissant la loi
des libres essors, parce que ayant sondés ses
règles.

Y a-t-il là quelque chose de douteux ? Non certes,
car la science fait de véritables découvertes dans le
domaine de l'esprit humain, et son pouvoir vient
des forces psychiques, dont la connaissance entière
annonce aux hommes les destinées les plus glo-

rieuses, faites de traditions anciennes et de lumière nouvelle.

La vulgarisation de cette science, très étendue, très subtile, très sûre, donne les solutions morales, sociales, les plus inespérées, à ceux qui la pratiquent. Comment en apportant au monde un nouvel élément intellectuel en donnant à la vie toute sa lumière, dans laquelle toutes les vérités se retrouvent et se rencontrent, car toute vue de la vérité est une certaine vue de l'au-delà où l'esprit se relève lucide et pénétrant comme le jour.

Oui, en vérité, puisqu'au moyen des sens nous ne connaissons que nos perceptions, qui n'ont en soi ni permanence, ni activité propre, le monde des corps n'est que phénoménal, n'est qu'un langage par lequel l'esprit parle.

« Il y a des corps célestes et des corps terrestres », dit saint Paul.

« Il y a un corps animal, il y a un corps spirituel ».

(Epit. de saint Paul aux Corinthiens, chap. 15, verset 40, p. 44.)

Nous savons maintenant d'où viennent ces paroles profondes, l'ordre silencieux a cessé de se taire, il fait entrevoir à l'homme que, s'il n'est qu'un aboutissant terrestre, sa psyché résume en elle tout l'univers, depuis le frisson de ses ailes, jusqu'à ses pieds liés et tordus sur le chevalet de la matière.

Est-il difficile de comprendre qu'en cette conquête des forces psychiques vainquant les forces naturelles, et *proclamée par la science expérimentale* ; qu'en cette conquête, dis-je, se résume l'immense travail intellectuel contenant en germe le commencement de l'ère scientifique et religieuse du troisième âge du monde où la loi d'équilibre sera trouvée, car nous allons à la lumière, au bien, à l'harmonie, *par la connaissance de la loi qui nous conduit*, et dont la pure lueur au plein midi, rayonnera un jour pour tous.

La question est posée : d'un côté, la négation sans preuves, de l'autre, un état mental qui affirme l'existence d'une *force indépendante et libre, plus haut que l'homme et que la nature.*

C'est, comme je vous le disais tout à l'heure une délivrance de l'âme se détachant des forces psychiques étudiées, pour croître, croître toujours, croître encore dans la joie de l'infini, et l'amour du progrès.

Une délivrance de l'âme imposant à l'éducation de la croyance un travail de synthèse nouvelle, une arrestation de la lettre par l'esprit, n'hésitant pas à soumettre la religion à l'examen critique, à rejeter le linceul étroit du dogme, pour mener l'humanité à son centre, en transportant ce centre délivré dans l'infini de Dieu.

Oui, *la civilisation n'est pas complète quand les âmes sont obscures.*

Aussi, en ces temps de division des esprits et d'anarchie des consciences, la meilleure manière de s'entendre entre esprits impartiaux, c'est encore

de s'élever au-dessus des questions de partis et des
préférences personnelles, pour regarder uniquement
le *Bien de l'Education de la croyance*, relevant
les foules dégradées, les emplissant de la volonté
et du but de leur âme collective qui se fait droite
en se faisant Pensée.

Donc, il n'est pas de plus grand problème que
celui de l'Education de la Croyance, de cette éducation d'où dépend l'élèvement ou l'abaissement des
races, puisque dans la réalité et la lutte des individus,
ceux-là l'emportent qui possèdent le caractère et la
volonté de la conviction, naturellement attachée à ce
qu'il y a de plus généreux dans les aspirations de
l'humanité.

C'est qu'il faut à la société une certitude, un point
d'appui, dans le rayonnement de la vérité, dans la
réalité sur l'au-delà de la vie, afin qu'elle trouve
le sens de cette vie comme l'eau trouve son niveau.

Aussi, tous les esprits éclairés, tous les cœurs
droits dignes de ce nom, sont d'accord pour s'effrayer
sur l'avenir d'une génération qu'on voit grandir au
sein d'une société plus ardente que jamais, quelque
brillante, quelque savante qu'on la suppose, à exciter
dans les jeunes âmes la provocation au mal, ramenant l'immense savoir à pleurer sur la misère de son
impuissance.

Et le seul remède, le seul contre-poids à cet entraînement vers le mal est dans une éducation de la
croyance, redonnant au cœur humain ces deux prin-

cipes essentiels à toute société : *la discipline de la raison, l'abnégation de la foi.*

Il n'y a rien de plus inflexible, de plus courageux, au monde, que la conscience des esprits convaincus qui disent : *nous sommes sur terre pour nous aimer et agir* ; nous sommes sur terre pour le pouvoir surprenant de pénétrer la force profonde que met un mot sur une vérité, qui veut remplir de ses fiertés le cœur triste, joyeux, sinistre et doux des peuples, ces porte-voix formidables de Dieu.

Aussi, socialistes ou radicaux, les hommes qui prétendent supprimer l'enseignement religieux, auraient mauvaise grâce à contester le choix de porter le débat *sur le large terrain des intérêts permanents de l'humanité*, puisque entre tous les agents d'expansion intellectuelle et tous les instruments d'influence morale, il en est un, par lequel les idées — force de l'humanité dans un prochain avenir — l'emporteraient sur tous les entraînements vers le mal ; instrument pacifique, travaillant en silence pour faire entrer l'humanité dans la plus grande union de ses puissances en partant du fond des vérités spirituelles, qui remuent dans ses plus intimes profondeurs, l'âme généreuse, vaillante et tendre des jeunes générations, cherchant à formuler les lumières flottantes dans leur cerveau.

Disons-le donc, et disons-le précisément en présence de la crise dangereuse à laquelle la société arrive, comment multiplier dans toute la nature la justice nécessaire, comment prétendre bâtir sur la

1*

justice éternelle, universelle et rejeter les forces divines de l'âme qui, seules, renferment les choses
qu'elles expriment, qui, seules, apportent les biens
qu'elles annoncent? Qui seules, jaillies de la lumière
montent et descendent dans la Pensée qui écrit sur
son genou les œuvres prodigieuses de l'univers.

Voyons sans illusions la situation telle qu'elle est :

Les résultats obtenus par les sciences sociales
prouvent que les richesses se sont pas les seules
forces sociales.

*En effet sans cette connaissance de lumière spiri-
tuelle* vers laquelle se penche le siècle futur, et tant
que le niveau des âmes ne sera pas plus élevé, il y
aura entre l'avenir et nous, une interposition fatale et
le vent des passions cassera toujours les ailes de la
justice et le principe de cette justice chrétienne,
rallumée sous la forme des idées proclamées en 89,
restera lettre morte, parce que pétrifiée dans l'enclos
obscur du matérialisme.

En effet, le progrès de notre science sociale commence enfin à le démontrer, la source des vraies
transformations sociales, c'est la justice intérieure,
qui renouvellera la face du monde, qui répartira et
administrera la terre dans l'ordre et l'équité ; eh!
bien, *hors de l'équilibre qui présuppose la connaissance de la finalité de la vie il ne peut y avoir
qu'inconscience et fanatisme, puisque seul la foi en
l'au-delà a auprès de soi et avec soi la justice, la
raison, la conscience.* Oui, en ce moment où les so-
ciologues les plus éminents se demandent où l'Eu-

rope trouvera les forces pour enseigner aux masses
les vérités nécessaires à leur transformation à travers
la confuse logomachie de ce commencement de siècle
où toutes les idées se heurtent et se combattent ; à
ce moment où la toute puissance des appétits sort
des bouches, l'immense impulsion des esprits indépendants illumine l'ombre qui nous environne, et
répond qu'il faut attacher un mot nouveau au flanc
d'une société nouvelle, qu'il faut mettre les forces
vives des jeunes générations dans la main de l'im-
palpable, qu'il faut s'inspirer du pouvoir surprenant de la vraie vie, de son étude, *de laquelle
résulte l'amélioration définitive du genre humain.*

En vérité, le meilleur âge d'une éducation de la
croyance c'est l'époque qui est quelque chose comme
le commencement de la grande réalisation de la Religion et de la Science, s'adossant à la méthode et à
la liberté, et répandant sous la forme progrès ce
quelque chose qu'on refuse au monde sous la forme
révolution.

En tout cas, nous savons maintenant que le spiritualisme scientifique lentement évolué, appuie sa
connaissance sur la méthode d'observation appliquée à l'étude des forces psychiques ; à la méthode
d'une connaissance poussant les esprits et les cœurs
à déployer ces forces, à constituer leur emploi par
la psychologie nouvelle, la psychologie intégrale,
pour laquelle la matière doctrinale n'est pas l'important, mais une chose secondaire ; d'ailleurs les

faillibilités, les variations, les contradictions de « la lettre » le prouvent abondamment, les étiquettes du matérialisme sont faites de gravité postiche et l'Esprit nouveau rompt désormais leur règle.

Oui, oui, qu'y a-t-il hors des vérités spirituelles commençant le plus grand progrès, ayant en main ce prodigieux outil de foi, les preuves de la survivance de l'âme?

Le monopole de la lettre épuisé.

Cependant la part légitime des religions reconquise, l'esprit nouveau reparu comme de lui-même dans les sciences spirituelles, ne se borne pas à vivre aujourd'hui, il veut avoir le droit d'une existence légale par un enseignement, *qui est dans le fait vérité*, et non dans le mot dogmatisme.

Le Christ ne nous apporte pas un enseignement dogmatique, il apporte le modèle de la vie morale, il propose un idéal de la vie « spirituelle ».

« Il ne sera pas surpassé, entre les fils des hommes, il n'en est pas né de plus grand que Jésus ».

Cette parole, une des plus chrétiennes qui aient jamais été écrites au monde a été dite à la fin de « la vie de Jésus » par Renan.

Résumer en quelques mots la vraie religion consiste à chercher Dieu et à aimer Jésus-Christ, sans Jésus-Christ, il n'y a pas d'homme intérieur.

Tout débat porte donc sur ce point : La société n'a jamais eu qu'un seul type d'enseignement religieux. Eh bien s'il sort de l'enseignement ecclésiastique tant de sceptiques et d'athées, la faute n'en est pas à eux seuls. Et l'ennemi des prêtres n'est pas toujours l'ennemi de Dieu.

En vérité, de quel droit l'enseignement dogma-tique accroche-t-il au clou de son cathéchisme la claire démonstration de l'évolution de l'âme ?

De quel droit ôte-t-il la |voix à l'enseignement des vies successives, cette clé de la destinée, d'une des-tinée s'accomplissant dans la justice, rigide comme un théorème et qui sait le contre-coup de nos actions.

De quel droit étouffe-t-il la flamme de cette idée, qui si nous en savons tirer parti, peut et doit être le signal du plus grand progrès philosophique et religieux des temps modernes, de la plénitude du christianisme évolué du christianisme ésotérique ayant le culte de la Pensée, parce qu'il se fait Pensée en délivrant l'Esprit de la lettre.

Cependant, il ne faut pas se flatter que ces ré-formes, toutes raisonnables qu'elles paraissent, puissent être l'œuvre d'un seul pas vers la vérité, d'ailleurs les seules révolutions efficaces sont celles qui s'accomplissent lentement et dont les esprits se font les complices en se confrontant avec la loi de Dieu qui consulte les temps.

Oui, sans nul doute les réformes sollicitées seront faites tôt ou tard, parce qu'elles sont nécessaires, plus tôt on les fera, mieux cela vaudra, aussi faut-il les préparer sans plus attendre. Comment ? Par le moyen qui convient le mieux, par le réveil du Féminin spirituel et psychique.

.˙.

Certes si *l'éducation de la croyance par la femme*, telle que je vais vous l'exposer, se produisait parmi nous, le féminisme deviendrait bientôt *par la force même des choses*, le type général des principes dominant l'éducation, les conditions d'existence de la société moderne.

Toutefois, je ne me dissimule pas les difficultés que je rencontrerai en essayant de gagner l'intérêt du féminisme, bien plus s'il est possible, son ardeur, en faveur de spéculations ne produisant pour résultat pratique que la connaissance des ressources de l'âme, de la survivance de l'âme, et de ses manifestations par delà la mort.

Cependant, le féminisme n'accomplira une grande mission civilisatrice, que dans la mesure qu'il contribuera à réaliser dans l'humanité, *contre les tristes maîtres de ce monde*, la croissance des âmes qui s'unit à la lumière des idées ; que dans la mesure, où il portera dans ses mains la cause de l'effet désiré, une éducation de la croyance disant : ouvrez les yeux là où l'enseignement ecclésiastique dit fermez-les.

En effet, puisque le déni de justice du code à l'égard de la femme a sa racine non dans le cerveau, mais dans l'élément inférieur de la force brutale, on discernera donc que la volonté spiritualiste est celle du féminisme élevé, résolvant progressivement la solution du pathétique problème social, par la rectification graduelle de la nature inférieure, par la nature supérieure qui a ses ancres éternelles dans l'Esprit du Féminin.

Examinons d'abord ceci : Est-ce que l'avenir vivant, permanent, croissant du féminisme est dans la quantité de droits que revendique la femme ? Non certes, *il est dans la Pensée féminine*, se réveillant et combattant sous toutes les formes pour préparer cet asile à la pauvre humanité : une existence plus pure et plus heureuse.

Eh bien, la foi d'aujourd'hui s'affirme la *grande Patrie de la Pensée*. Et cette foi nouvelle qui crée, qui sème, construit, détruit, se tourne vers la femme, car le féminisme a un nom, il s'appelle : la société nouvelle, et cette société nouvelle au sein de laquelle tout l'univers futur est porté veut sur son fronton : la Religion et la Femme !

Aussi le premier, le grand tort du féminisme moderne, a été de traiter la religion comme une lettre morte, alors que jamais, jamais moment ne fut plus propice, plus clairement indiqué à la femme par la Providence, pour accomplir sa mission, s'exprimant dans le devoir d'apporter sa pensée à ce meilleur âge de l'humanité, à l'époque du progrès par les forces spirituelles ; et cette tâche superbe répond précisément aux volontés suprêmes de l'esprit nouveau, dont l'effort créateur s'étend du monde physique et s'applique à toutes les phases de l'évolution, de la transformation des êtres par les preuves de l'au-delà qui viennent nous parler.

En vérité, tout concourt à faire voir l'avènement du féminisme et du spiritualisme parce que l'universel travail se fait avec de la Pensée, et que la Pensée obéit à l'aimant spirituel et féminin.

Mais faites attention, cet avènement qui s'annonce demande pour se réaliser la femme arrivée au stage mental, exige un effort de l'initiation de la pensée féminine, arrivant avec la société nouvelle au front, par l'élargissement douloureux de l'idéal.

Et s'il y a un féminisme du sentiment de la valeur morale, qui fait avec les mœurs des ratures aux vulgaires conventions, ce féminisme mettra en regard une façon particulière d'agir et de penser et prouvera que la femme peut parvenir aux premiers rangs de certaines vérités, sans l'aide desquelles le féminisme le mieux groupé n'aboutirait dans ses revendications qu'à de décevantes catastrophes, car seule la pensée consciente du message de Dieu est le lieu des routes éternelles.

Précisons le but ; il est nécessaire, en art, en science, en religion, d'amener la femme à sa pensée personnelle, car malgré son indépendance cérébrale, qui se dessine aujourd'hui, qui sort de l'obscurité atavique, du mal d'inintelligence, de la

mort morale qui est sa douleur et aussi sa faiblesse,
c'est précisément la vie de la pensée, la consistance
propre, personnelle de la pensée féminine qui
n'est pas suffisamment développée dans la femme,
et dès que cette pensée aura la pleine conscience d'elle-même, elle s'apercevra qu'il lui reste
un vide immense à remplir et que le progrès
matériel n'est que la confuse ébauche de la vie
réelle.

C'est parce que le féminisme est une grande
cause, qu'il doit assainir la société, se servir de la
pensée pour la vérité, et de la vérité pour la justice
et pour la vertu.

Eh bien, à l'heure où nous sommes, en ce moment de péripétie sociale, l'évolution spiritualiste-
scientifique, profonde, féconde, morale, va vers un
avenir meilleur par un chemin droit, qui dégage
une aube de pensée : *L'ère de la Religion et de la
Science en la pensée est déjà commencée et la
science appareille vers le port de la religion future
qui est faite de lumiere pour tous.*

Je le répète et j'y insiste, le féminisme qui ne
sauverait les vérités spirituelles, augmenterait le
mal au lieu de le guérir. Toute société qui s'affranchit de la plus lourde des servitudes, celle du préjugé et de l'ignorance, doit avoir au sommet l'Idéal
religieux, car la liberté présuppose l'équilibre et la
loi implacable frappe *par la misère morale* des
riches et des intellectuels, la *misère matérielle* des
pauvres et des ignorants.

Avant tout, je n'attaque personne, en attaquant le système matérialiste du féminisme militant, ce système que j'attaque peut changer demain. *Au point de vue intérieur*, on peut dire : il y a trois itinéraires dans le progrès féministe, trois moments évolutifs ou trois degrés de pénétration.

Il y a l'émancipation purement matérielle à laquelle se réduit presque exclusivement une grande partie du féminisme.

La femme luttant pour ses droits l'incarne.

Il y a le féminisme développant proprement la vie sociale, humaine, faisant restituer à la femme le droit d'organiser librement sa vie, la femme triomphant par ses droits, la couronne.

Il y a celui qui développe, dégage de tous les droits sociaux, *la plus grande des libertés*, celle qui crée un centre où aboutissent toutes les idées, d'où rayonnent tous les dévouements, avec laquelle on marche pour entrer dans la vie heureuse, ayant deux grands besoins : *Celui de vérités et celui de vérités spirituelles qui ne soient pas des chimères.*

Ce féminisme-là est comme un quai d'embarquement au seuil de l'ère qui contient en germe la pacification de la Religion et de la Science, la pacification des esprits communiant dans la pensée divine, et réglant le gouvernail, assurant leur mâture *avec la Foi qui a la pensée pour étoile*, avec la Foi qui n'a pas peur du vaste ciel des Esprits.

Je sais que je dérange un peu une idée qu'on s'est faite du féminisme ; sans doute, on me traitera de

visionnaire, mais le plus grand nombre des esprits
qui pensent voient les deux courants portant le féminisme : l'un sort de la justice sociale ; l'autre
auquel la femme a particulièrement collaboré sort
de la vérité spirituelle, appelant une nouvelle éducation de la croyance à laquelle la femme consciente
doit répondre, car c'est elle la grande formatrice
d'âmes et la vraie vertu de l'Humanité germe et
croît par ses vertus.

En effet, depuis la première heure où la femme
s'est montrée sur la scène de l'histoire, son influence, sa volonté religieuse, s'accusent toujours
nettes.

Vous me demanderez peut-être des preuves?

Elles viennent de l'antiquité la plus reculée.

Je rappelle des souvenirs historiques. La doctrine
ésotérique les renferme au fond de ses sanctuaires
et les grandes initiations féminines furent le sauf-
conduit de la tradition du Féminin à travers les
temps.

C'est du sanctuaire de Panctrose, où croissait
l'olivier sacré, près de l'Erechtkion, c'est du collège
des prêtresses que sortaient les célèbres pythonisses
dont l'influence mystérieuse se constatait dans les
conseils de guerre, dans le flux et le reflux des
idées de l'antiquité païenne.

Ce fut encore dans les anciens collèges druidiques
qu'apparurent les quelques centres connus de l'enseignement religieux, rappelant la prêtrise des
femmes, répercussion profonde, s'éveillant avec

tous les mots magiques des Celtes : Patrie ! Liberté ! Honneur !

·.·

Enfin, à cette heure où l'Europe était couverte de ténèbres et voyait une levée d'aurore au fond de son âme réveillée par la voix du Christ, c'est la femme, qui par la plus efficace, la plus reconnue, la plus prolongée des influences, détermine la conversion des âmes barbares et justifie son rôle, le plus utile et le plus heureux dans l'humanité, d'auxiliaire active et persévérante de l'apostolat spirituel.

Le Christianisme se fait avec les sainte Hélène, les sainte Clotilde, les sainte Olga, et au-dessus des siècles, la femme en garde l'auréole sur son front, car c'est plus qu'une religion qui luit, c'est un principe qui trouve son chemin.

Au point de vue de la dignité, les plus grands événements de l'amélioration du sort de la femme, sont venus du Christ. C'est le Christianisme qui libéra l'âme de la femme, l'histoire est unanime à l'affirmer, et c'est une belle chose, qu'une affirmation venant de l'histoire.

Le Christianisme produit le respect de la femme ;

l'enthousiasme de la chevalerie est une espèce de poésie de la femme qui charme le monde, et qui prononce ce mot : Idéal !

Au point de vue social, le Christianisme éveille la vie indépendante de la femme, le couvent produit la chanoinesse, l'abbesse, donne à la femme des moyens de retraite patentés, rentés, où la main de l'homme, — qui semblerait jusqu'à nos jours n'être le protecteur de la femme que pour le vice — lâche prise.

Oui, saluons dans le Christianisme le souffle chaste qui transforme la femme, la nourrit des flammes inspirées des vœux religieux ; saluons dans le Christianisme, quelqu'effort qu'on fasse pour l'amoindrir, *la révolution spirituelle de la femme*, apportant cette paix : Pureté, et donnant cette lumière : Charité !

Eh quoi, la femme qui infiltra la sève et rayonna le jour de la foi, la femme qui fut le clairon vivant de l'apostolat spirituel, qui devina le jour du Christianisme et en avertit le monde, ne tient-elle plus compte des énergies de son intelligence et de son cœur, pour être l'organe de la Religion épurée, de la religion délivrée, par toutes les lumières des étapes humaines, montant d'échelon en échelon à l'affirmation de ces deux formes alternantes : Terrestre et Céleste !

Mais non, non, nulle incrédulité n'aura raison de l'alliance de la Femme et de la Foi, les jours qui viennent y enfonceront la pensée de l'Humanité qui soupire vers sa régénération.

Cette alliance subsiste et rallie à sa lumière historique le passé à l'avenir ; il en sera ainsi dans la suite des temps, et quoi qu'il arrive, quel que soit l'événement, c'est le mensonge qui s'écroule, soit sur un gouvernement, soit sur un autre, et c'est toujours l'heure de dire : Les vérités spirituelles sont là !

On prétend que les générations les oublient, eh bien ! non, les esprits les demandent, les consciences les crient, les cœurs les ravivent.

Oui, nous avons là, devant nous, une rénovation, une renaissance religieuse, un éblouissement auguste :

La Religion et la Science ayant pour soutien la force d'évolution et acquittant leur tribut au progrès du monde.

J'insiste sur ceci : Notre siècle aura assisté à la fois à l'ensevelissement et à la renaissance des idées

spirituelles, et la génération future trouvera en l'au-
delà de nos luttes, de nos efforts, la loi suprême,
qui constituera peut-être la vraie Religion.

Du point imperceptible d'un principe part la ligne
de l'infini et, certes, la perspective ouverte autrefois
dans le monde physique par les Galilée, les Newton,
est la même qui s'ouvre aujourd'hui aux esprits
dans le monde vital de la pensée, par l'application
de la Science et de la Religion comparées, symbolisant toutes les vérités, où qu'elles soient, d'où
qu'elles viennent.

Voilà la terre promise.

Certes, il faut pour cela une prodigieuse dépense
de lumière.

C'est à cette dépense de lumière, que l'éducation
de la croyance peut s'employer en jetant dans les
âmes les profondes racines du plus grand, du plus
fécond, du plus nécessaire des progrès, *soutenant
les intérêts permanents de l'humanité : La certitude de l'immortalité de l'âme.*

Car la Religion, telle que la lumière la fait, c'est
l'élargissement du progrès dans l'infini sans fond,
c'est l'apaisement des esprits, oui tout s'entendra,
tout étant harmonie.

Place aux rayonnements de l'âme qui sonde l'éternité et amnistie l'éphémère.

Place à la Lumière, laissons la lumière rayonner,
laissons la lumière se faire par les efforts vrais, par
les impulsions du cœur, par la lutte des idées, cette
lumière traçant à travers les siècles une traînée de

rayons, allant de Jésus-Christ à tous les immenses combats ayant pour cœur la justice.

Cette lumière a en soi le germe du feu transfigurant la nature, attendons que ce feu s'allume, la revanche de la Religion, c'est la Lumière.

Et d'ailleurs, pourquoi l'humanité marche-t-elle, sinon pour arriver à cette lumière, à cet avenir, auquel rien ne doit nous faire renoncer, ni l'empire des circonstances, ni la crainte des événements, ni l'espoir de plus lucratifs intérêts.

Ces lumières sont tout, le reste n'est qu'une fuite d'ombre.

Et pourquoi mettre au-dessus de ce qui est des fourmillements de fantômes ?

Est-ce donc à cela que sert la science ?

En résumé, il n'y a qu'un droit à l'enseignement des vérités : le droit de la conscience.

On n'a pas besoin de se faire prêtre ou religieuse pour servir l'idée religieuse, pour répandre le grand souffle vivant qui a son point d'appui dans l'amour divin.

Oui, l'un des plus grands devoirs de ceux qui ont

quelque influence sur la marche du monde serait de travailler à la réforme de l'enseignement religieux, afin d'assurer à toutes les études religieuses scientifiques, le plus libre développement, pouvant seul amener et amenant la liberté du monde, à la puissance de la loi de Dieu, reconnue par les peuples de l'univers.

L'éducation de la Croyance! — C'est là une réforme féministe et, à mon avis, la première de toutes, car l'éducation de la croyance réalisant dans la conscience sociale est l'expression du monde délivré de la loi de tyrannie, c'est la condamnation de l'assujettissement de la femme.

Contre tout mandarinat de parti, clérical ou anticlérical, il y aurait donc ainsi, à constituer, plutôt à créer, c'est bien, en effet d'une création qu'il s'agit, une mission laïque favorisant à tous les degrés l'enseignement religieux par la femme; une mission laïque, répondant précisément à ce que l'inquiétude contemporaine demande à la lumière des esprits, à l'Idée religieuse émancipée et majeure qui ruisselle les clartés de l'Esprit nouveau sur la lettre blêmissante; de l'Esprit nouveau qui fait décroître le dogme et grandir la Religion.

Remarquer ceci, on peut par la connaissance des sciences occultes, offrir à la jeunesse un enseignement religieux digne de ce nom, et du moment qu'on le peut, on le doit.

Déjà nous entendons de marche en marche, l'esprit nouveau venir, monter, pour élever parmi les noirs décombres du passé, hors des enceintes de pierre du vieux monde, l'Ecole abritant toutes les croyances et regardant enfin la question de l'Education de la Croyance, dans l'harmonie de la Science et de la Foi, où l'homme lira Dieu à tout moment.

Heureux ceux qui croient, trois fois heureux ceux qui marchent vers le but de la renaissance de l'Esprit de vérité, vers ces clartés jetées dans les âmes par la Lumière qui montre, démontre, que la plus grande régénération sociale, c'est surtout celle de la justice intérieure, jaillissant de la réforme des mœurs et condensant, dans une sorte de certitude sereine, tous les rayons dont se composent la Religion et la Science, ou apparaissent ces deux mots : *hors du préjugé dans la vérité.*

Que de choses je voudrais encore vous dire sur cette question de la réforme de l'enseignement religieux, agitant aujourd'hui la conscience publique, mais je me résume et je finis par ces simples paroles.

Ne confondons pas plus la Religion avec le cléricalisme, que nous ne confondons la croix du divin supplicié du Golgotha, avec la bannière des abominables sectes partout déguisées et partout dévoilées.

Par conséquent, sans chercher à convaincre les gens de partis qui infiltrent à la religion les virus de la politique, je serai heureuse si j'ai pu détourner de ces esprits extrêmes et fermés, et porter aux idées du moderne spiritualisme, quelque bonne volonté en marche vers le juste, le bien, le vrai, demandant l'éclairage des multitudes, l'agrandissement des âmes, l'enseignement de la vraie Religion, afin de réaliser entièrement le mouvement intellectuel de notre race, le but divin de notre existence sur terre.

Saluons l'aube de la Pensée, dressant de plus en plus la tête de l'Humanité vers la Justice et les lumières des esprits vers Dieu, de la Pensée religieuse qui fera de toute la société humaine une immense famille par le suffrage entier de l'Homme et de la Femme soulevant les profondeurs de la croyance pour écraser le mal, faire à jamais reculer son empire.

LA MISSION DE LA FEMME
AU XXe SIÈCLE

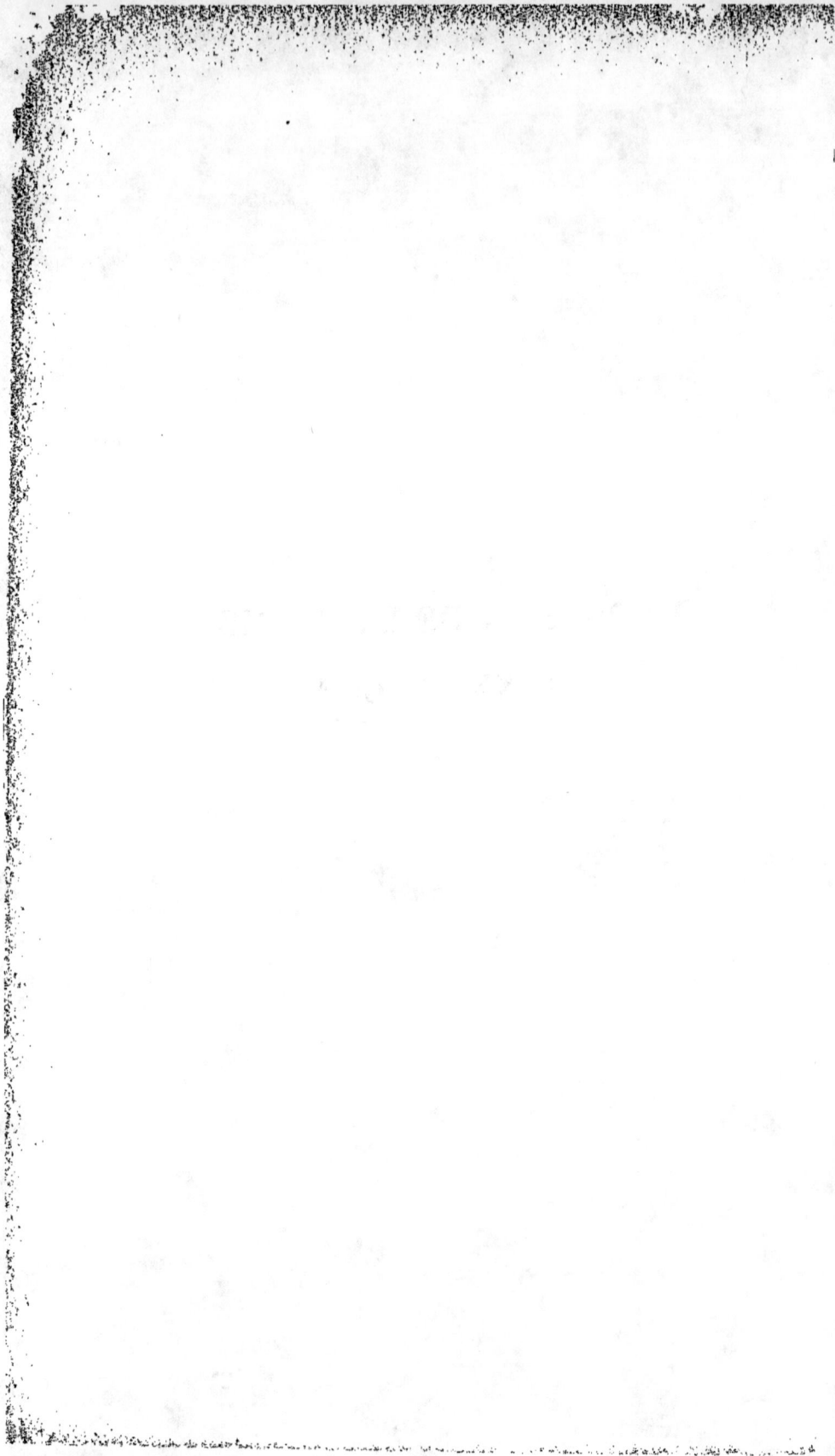

LA MISSION DE LA FEMME AU XXᵉ SIÈCLE (1)

Messieurs, Mesdames,

Victor Hugo disait : « ôtez l'âme *plus de li-berté* ».

En effet, le matérialisme niant la liberté et la res-ponsabilité *est un auxiliaire du despotisme*, et je n'étonnerais personne dans cet auditoire en disant que le corps de la société nouvelle se construit dans le spiritualisme et dans le féminisme, parce que le spiritualisme c'est la croyance libre, et que le fémi-nisme, c'est la justice qui n'admet pas d'exception.

Remarquons-le, en passant, à ceux qui, étrange contradiction, prennent pour élargissement et horizon, le rétrécissement du matérialisme, l'éman-cipation de la femme, *par elle-même c'est l'appli-*

(1) Cette conférence a paru dans la *Revue Morale et Scientifique du Spiritisme.* Dans l'*Etincelle*, elle a été faite à Nice le 6 janvier 1909. (Société d'Etudes Psychiques et publiée en brochure de propagande d'œuvre du F. S.)

cation des principes spiritualistes, qui sont une confrontation perpétuelle et permanente de la loi *mobile* avec la conscience *insubmersible*. De là, le but du féminisme : *spiritualisme*. Préparer l'ère spirituelle, développer les facultés supérieures de la femme, éveiller la conscience de son âme spirituelle, qui remettra le divin dans l'humanité, *lui donnera une nouvelle vie*, par la valeur de ses actes, rétablissant le droit dans la loi, comme le moderne spiritualisme rétablit la logique dans la religion.

Et d'abord, expliquons-nous sur ces mots : qu'entendre par là, qu'est-ce que « La mission de la femme au xxᵉ siècle. »

C'est celle de la femme *consciente*, qui montera au sommet de l'ordre social pour y fixer cette magnifique idée : *reconstituer dans la lumière intense* de l'esprit, l'unité morale de l'humanité, établir la vie morale de l'humanité, par la volonté ferme de la femme, car le monde ne sera véritablement influencé, par la clarté d'une nouvelle aurore que quand la volonté ferme de la femme s'y prêtera, en prenant pour base la vue claire, initiale et totale *des lois divines oblitérées et rompues par le masculin.*

.*.

Ces arguments ne sont pas de fantaisie, ils sont appuyés sur des données bien antérieures à l'assujettissement de la femme : le matriarcat, dont le souvenir du moins est demeuré indestructible, au fond de l'Océan de l'histoire, — pour emprunter la métaphore d'un grand poète — « comme la vieille ancre de fer à demi enfouie dans le sable, d'un vaisseau disparu dans la tempête ».

Oui, un des résultats les plus imposants auxquels les sciences historiques sont arrivées depuis les temps modernes, a été de montrer, dans l'évolution cyclique de l'humanité *deux périodes* en quelque sorte qui, se mêlant dans des proportions inégales, *ont fait la trame de l'évolution mondiale, de l'éternel devenir*. Ainsi, ce sont les alternatives manifestations du féminin et du masculin, qui régissant peut-être tous les degrés des évolutions, traversent successivement leurs périodes de flux et de reflux, *et équilibre le mouvement cyclique*, dont la durée se chiffre par les nombres prodigieux, dans le grand fonctionnement du Progrès éternel.

Du reste, la solution de l'évolution n'est donnée

ni au matriarcat, ni au patriarcat, mais à *l'huma-
nisme intégral*, qui montre plus prochain la civilisation du monde entier ; de la loi d'alternance bien
entendue, découle seulement que chaque période de
cycles fournit les conditions d'un développement
nouveau, à la fin du trajet circulaire, degré plus
intense de la vie planétaire, sortant et rentrant de
la grande unité sans mélange, sans intervalle, sans
fin ni interruption, qui fit naître le masculin et le
féminin Bel et Militha, selon la théogonie chal-
déenne, chargés de confectionner les formes d'après
lesquelles la femme représenterait la Religion, sœur
de l'Humanité.

Certes, quand la méditation se fixe sur cette loi
d'alternance, quand on étudie sa nature, on est
frappé du rapport étroit et intime qui existe entre
le matriarcat et l'ère théocratique, où l'humanité
exprima la logique d'une justice d'âge mûr, fondée
sur les droits de la femme et de la religion. Eh
bien, c'est cette évolution qui se fait aujourd'hui ;
nous touchons à l'heure décisive de la grande et
pacifique victoire qui, d'une part, relève la femme,
de l'autre, *reconstitue la religion*.

∴

Remarquez en toute la portée, car l'humanité n'évolue pas seulement pour évoluer, elle monte vers un but qui est de surmonter le mal, la misère, par le développement des facultés de l'être, qui font pénétrer les principes spiritualistes jusque dans les racines même de cette société.

Édifice mystérieux, que nous bâtissons nous-mêmes, de nos propres mains, que nous construisons aujourd'hui, qui nous servira de demeure demain.

Voyez, comme tout ce qui est profondément vrai, est toujours en même temps profondément juste ; et la vie n'est l'expression d'un bien que pour l'âme qui grandit, progresse, se constitue, se crée, se destine à vivre enfin dans le monde de merveilleuse spiritualité, quand elle aura atteint son efflorescence et *son épanouissement qui est une des formes du bonheur*.

Qu'est-ce que le bonheur ? C'est un état de plénitude ; *c'est le commencement et la fin d'un fait moral* ; tout ce qui grandit l'âme contient les ailes du bonheur.

Eh bien, l'idéal à réaliser c'est d'augmenter les puissances de l'âme rapprochant de cet état de plénitude, qui, par les sens extérieurs, nous font er- cevoir les effets du monde moral, facultés de discernement plus réel, que celles des sens physiques, mensongers comme l'apparence des choses. « Le principe de sensation », comme dit Léon Denis, « n'est pas dans le corps, mais dans l'âme ». Méditez ceci en effet : Psyché, c'est l'âme tombée dans la matière ; affamée de l'idéal dont elle est séparée, l'âme meurt de faim dans son désert.

Un monde effaré souffre en elle, l'infini l'écrase, elle crie à la profondeur sans but, que sais-je ! Rien ne répond, — Cependant *quelque chose* est là. Elle sent remuer ses ailes, elle veut s'élever, étreindre, emporter la vie comme l'aigle sa proie ; *pour cela il faut dompter la vie.*

Elle veut le bonheur et, ô dérision, elle accumule les dettes qui *ne se liquident que par la douleur.* Mais le principe d'évolution est dans sa volonté, elle est libre, son heure viendra ; elle doit se résoudre à parcourir la ligne des vies indéfiniment progressive ; elle doit se résoudre d'affronter et de vaincre, le mal, le danger, la douleur, de s'approprier à un mode toujours plus élevé de sensations, à un plus haut degré d'existence, *afin de réaliser son domaine psychique*, de passer à un état supérieur, pour rejoindre son idéal-Esprit.

Au fond des limbes humaines elle a compris que la voie de l'esprit est la seule transformatrice des

destinées ; l'élan vital du progrès l'emporte, elle va.
Mais ce n'est que par la reconstruction de son unité
première qu'elle franchira le cercle inférieur, et
qu'elle s'élèvera à un cercle supérieur, dans la
grande hiérarchie universelle et par l'ascension de
l'Esprit qui unit l'humanité à Dieu, trouver là-haut
la sérénité suprême dans la vérité, dans la réalité,
dans la récompense, amour vers l'infini, pensée
vers Dieu.

L'âme attend ici-bas l'aube qui va naître ; elle a
besoin de vérité, elle ne peut errer.

Ayons donc toujours présent à l'esprit ceci :

Les vérités transcendantales sont des vérités,
comme les preuves des lumières naturelles sont des
preuves, comme les lois de l'esprit sont des lois ;
cette vérité est dans l'esprit, c'est donc une certitude.

Et la Croyance Rationnelle, ce flambeau qui,
allumé dans la science, ne s'éteindra plus est le
point d'appui d'une certitude dans cette fumée qui
est la matière, parce qu'il est la *sanction de notre
existence* et qu'on arrachera plutôt l'écueil du fond
de la mer que l'idée d'immortalité à l'âme opposant
au néantisme le cri de la conscience universelle.
Cela posé on comprendra que le progrès matériel
est peu de chose sans son corollaire le progrès du
sentiment, qui est le seul progrès véritable.

.·.

Et comment la femme participerait-elle dans la plénitude de ses forces et de ses facultés à l'ascension grandiose de la rénovation sociale, si elle n'apprenait pas à discerner, à saisir la raison, la cause et le but de cette évolution, conditionnant à la morale le fonctionnement de la liberté.

Car la liberté postule la morale et il n'est nullement nécessaire d'être rigoriste pour percevoir que, seul, le spiritualisme ouvre à la liberté l'accès des cercles supérieurs. Ne l'oublions pas, ne l'oublions jamais, l'unique liberté qui libère, c'est celle de l'esprit dans la vérité, c'est celle de l'esprit asservi à la vérité et s'épanouissant dans les notions éternelles du Beau et du Bien liées par leur racine à l'idée de perfection exprimant Dieu.

Pytagore disait : « la connaissance de la vérité pour la vérité elle-même, c'est le type caractéristique de l'homme. »

Eh bien, nous le savons, il y a partout des lueurs de vérité dans la nuit ; ne quittons pas des yeux un seul instant ces clartés, c'est là que va se lever l'aurore. L'aurore ! ce mot m'est venu, savez-vous pourquoi ? Parce qu'il sort naturellement de cette pensée : les ténèbres c'est la partie non éclairée de la conscience, l'inconscience est de l'ignorance.

Ne nous y trompons pas, c'est à cette roche obscure que se heurte, que se heurtera encore l'émancipation de la femme.

Et tout cela pourquoi ?

Pour ne pas avoir compris que la justice sociale dépend de l'état de la conscience sociale, des éléments composant ses conditions organiques.

Que résulte-t-il de là ?

Que l'évolution de la conscience sociale, avec les modifications de l'esprit nouveau, provoquera nécessairement la transformation de la forme sociale ; mais ce sont d'abord les effets psychiques qui sont à transformer. Il faut encore que cette société consente à mourir pour être autorisée à renaître.

Ce que nous appelons civilisation comment l'entendons-nous ? Nous croyons civiliser le monde, lorsque sous les dehors agréables de la vie facile, nous l'enfiévrons de la fièvre immonde d'âmes cherchant de l'or, qui, vautrées dans la cupidité féroce, préparent, aboutissent à la catastrophe finale des pires désordres désorganisateurs, l'esclavage dur, cynique de passions servant la liberté en la fascinant comme l'hydre fascine l'oiseau.

Nous voulons que la femme s'émeuve de cet état de chose ; quel remède y apporter ?

Voilà ce qu'il faut, voilà ce qu'elle doit sonder. Aussi ne pas comprendre le féminisme spiritualiste qui épurant et développant l'esprit du féminin ressuscite en quelque sorte l'idée de la femme prêtresse, c'est commettre une erreur, impliquant pour la femme une grave erreur sociale.

Oui, comme je vous le disais tout à l'heure, dans l'assainissement, dans l'éducation de la foi libérée, de toutes les timidités, de toutes les conventions, il y a aussi de la délivrance féminine.

Le cléricalisme, qui n'est qu'une immense conspiration contre la liberté et la vérité, a refusé son rôle à la femme, elle le prend pour avancer l'heure du jour où sera donné le sublime baiser de paix de la religion et de la science. Donc, soyons de plus en plus fidèle à ces événements religieux qui se préparent, qui s'accomplissent, qui, sans récuser le passé ouvrent les yeux à l'avenir.

D'ailleurs, les facultés féminines permanentes se nouent aux rapports de cet acte et y mènent.

Nous y arriverons.

Et certes, ce serait une grande chose, si la femme nouvelle qui a achevé de parcourir le Cycle, provoque dans cette ombre et dans ce doute où sont les consciences, la grande et fière pratique de la Religion Rationnelle, car là est l'affranchissement, car là est le salut. Accélérer la marche des âmes en cette voie d'évolution, de lutte contre l'aveuglement de la société grossière, c'est bien la mission divine de la femme, idée venue de Dieu sur l'horizon pour terrasser les fléaux du matérialisme et terrasser l'hydre du scepticisme, car il est difficile de nier le mal de l'irréligion qui froisse, déforme le sens, caché dans tous les plis de la vie cet enchainement de la grande logique qui dans un temps donné a raison.

Mais pour que la femme soit vraiment l'auxiliaire indiquée, intermédiaire naturelle de cette démonstration de la foi, se faisant au bénéfice de tous, que faut-il ?

Qu'elle soit sûre de sa pensée, pour la faire passer ; la répandre à flot sur les nouvelles générations. La femme n'est-elle pas auprès d'eux le premier organe, le premier interprète de ces croyances, avec les principes desquels se font les destinées humaines et sur ce mot « croyance » il faut s'expliquer.

.·.

Un saint de l'Eglise, Saint-Thomas, a dit ces mots profonds : les hommes doivent avancer avec la succession des temps dans la connaissance de la foi. »

Eh bien, les temps sont venus de donner à notre croyance la même précision qu'a tout autre branche de science, l'absurdité logique des dogmes » comme dit Gabriel Delanne, tendant à compromettre la religion, à amasser contre elle les théories matérialistes qui en devenant pratiques menacent de faire dévier la société vers le danger résultant de l'anarchie des esprits et des cœurs qui ne savent pas que le progrès se bâtit sur la même base que l'ordre, c'est-à-dire sur le contrat utile de l'autorité et de la liberté.

Certes, je crois l'avoir démontré, le droit à l'éducation de la croyance fait partie de l'entité du Féminin ; ce droit imperdable, essentiel, vivant, sacré, est le souffle de l'âme féminine ; c'est à la femme à rétablir le culte de l'esprit contre le culte de la matière, à hâter la victoire, le progrès, la conquête de la Religion dans la question sociale.

Voilà la tâche répondant à tous les besoins, dont l'intérêt s'étend jusqu'au siècle avenir : événement religieux, événement social.

A se placer au point de vue social et moral on peut même dire de l'éducation rationnelle de la croyance qu'il n'existe peut-être pas pour l'humanité de sujets d'un plus grand intérêt :

Vouloir l'éducation de la croyance, oser l'éducation de la croyance, c'est réclamer, propager, défendre, ce qui implique la montée du versant de lumière ; c'est exercer l'acte de délivrance du présent sur l'avenir, c'est élever cet avenir en améliorant les âmes.

Insistons-y, répétons-le, crions-le ; tout ce qui augmente la quantité de foi en Dieu augmente la responsabilité de la conscience devant de plus grands devoirs. Et qui pourrait dire les incalculables effets sociaux de la « science de l'âme », de la science de Dieu qui conquerra peut-être la terre, comment ?

En désocultant progressivement d'une part, les idées religieuses évoluées, en empruntant de l'autre à la méthode expérimentale le plus de matériaux possible. Et au besoin je ne voudrais d'autres preuves que ce fait que voit cette civilisation, ce fait plus vivant, plus réel que jamais ayant pour point d'appui la méthode expérimentale : les preuves matérielles de l'existence de l'âme.

Oui en vérité, qu'est-ce que tout cela ? Transmission de la pensée, double vue, extériorisation de l'être ; preuves que les voies ordinaires des organes ne sont pas les uniques voies de perception, faits psychiques soutenus par l'ordre entier de phénomènes, caractères génériques de la psychologie phénoménale, *enseignant la véritable nature de l'homme,* si ce n'est les faits convaincants de l'indépendance de l'invisible, de son action hors des limites du corps physique, si ce n'est l'heure qui sonne, de la pensée manifeste des affirmations divines exposées aux haines sectaires et aux mitrailles du matérialisme stupéfait.

Ah ! osez maintenant nier l'existence de l'âme, quand on sait que celui qui nie l'existence de l'âme nie la science. Ainsi, la Religion Rationnelle est dans le fait et non dans la théorie.

Remarquez-le bien, l'existence de l'âme n'est pas une thèse qu'on accepte, parce qu'elle est noble, juste, généreuse, séduisante, c'est un fait qui s'impose parce qu'il découle de la nature des choses.

Le matérialisme est nul, le matérialisme est invalide et nous savons ce qui le tue. La science.

C'est la science qui démontre que l'admirable ensemble des lois naturelles repose tout entier sur les vibrations invisibles d'une insaisissable matière qui, plus elle est raffinée, radiante, plus elle émet de force.

C'est la science qui, dans le moindre phénomène comme dans le plus grandiose, nous parle de l'infini, proclame son irréductible expression et accumule dans cette affirmation, comme dit Pasteur, « tout le surnaturel qui est ʲ   les cœurs. »

Oui, la pensée de l'infini qui ʲᵣₒsterne agenouillés les hommes devant l'éclair de l'au-delà, c'est la science en fleur, c'est la science redevenue religieuse, c'est la science enfin, faisant trouver dans la religion toutes les formes du progrès.

* *

En Religion comme en toute chose la circulation de la vie c'est l'unité. L'unité est au-dessus de la sagesse. Eh bien, l'unité des sociétés initiatiques est

encore à faire pour établir l'accord de doctrine *qui*
caractérise la révélation nouvelle.

Saint Clément disait : « J'appelle philosophie non
pas les doctrines des stoïciens, des platoniciens,
d'Aristote ou d'Epicure mais le choix de tout ce qui
se trouve de bon dans les systèmes. Et c'est ce
choix que j'appelle la vraie philosophie. » Eh bien,
si on veut savoir ce que la croyance libre fait pour
l'unité religieuse, il suffit d'étudier la concordance
de l'enseignement spirite, occultiste, théosophe,
sans se servir des arguments fallacieux de division,
contre les traits d'union du même esprit, dans la
même lumière, pour reconnaître que la théosophie,
le spiritisme et l'occultisme, sont des fractions de
l'universelle Religion, fondée sur l'observation des
lois de la Nature.

Là est la question.

Tenez, c'est grâce à la science et précisément à la
science expérimentale que tous s'accorderont un
jour, au moins sur les idées primordiales de la religion, revêtant de symbole varié la Trinité que l'on
trouve à la base de tous les systèmes religieux, dans
laquelle le physiologiste-psychologue reconnaît les
trois principes, les trois éléments constitutifs et dis-
tinctifs de toutes les forces de l'univers s'offrant à
l'adoration de l'homme : matière, énergie, intelligence.

Et à ce propos une religion qui s'attribue une origine surnaturelle frappe d'immobilité une nécessité
vitale de l'être pensant, de l'activité essentielle de

3*

son existence, qui n'est pure, profonde, féconde, morale que dans la marche dans la lumière du progrès et de la raison.

Oui, en vérité, la Religion sans dogmes et sans mystères, ouverte à tous les souffles de l'esprit, la Religion pour les esprits libres et majeurs enfin, *c'est une interprétation des lois universelles.* La foi comprise est seule indestructible, voilà pourquoi une croyance doit être une croyance intellectuelle, parce que les seules vérités sont celles qui se découvrent par l'esprit.

Une croyance rationnelle dont tous les principes peuvent et doivent être soumis au contrôle de la raison, qui déclare même que la raison serait indigne de s'affirmer telle si elle n'exerçait son jugement sur tout ce qui est matière de croyance, si elle ne cherchait à connaître les lois auxquelles elle est soumise. Une croyance évolutive enfin, qui suit la progression décroissante des préjugés, dans la trouée faite au vieux matérialisme et au vieux dogmatisme, et qui rapprochant les fragments rompus de la Science et de la Religion, voit surgir l'unité humaine, ayant sur elle le réseau des forces de la vérité totale.

∴

Et, en effet, on peut l'affirmer hautement, c'est la
démonstration scientifique de la foi, la religion-
science, qui conduira logiquement la société à
l'unité et qui fournit l'argument le plus sérieux en
faveur de l'existence d'un but à l'évolution sociale
et rend injustifiable et partant impossible les uto-
pies collectivistes et anarchiques, en hâtant l'avènement du jour où l'on ne verra plus qu'un troupeau
et qu'un pasteur.

A la vérité il n'y aura dans l'avenir qu'une religion fondée sur toutes les fraternités, dont sortira
la résultante de l'unité humaine.

Et pour résumer en peu de mots les quelques linéaments que je viens d'indiquer, la grande justice
qui découle de l'union du spiritualisme et du féminisme, prenant pour base l'éducation rationnelle de
la croyance, ce n'est pas seulement de confondre et
de dignifier dans l'exercice du même pour voir le féminin et le masculin, c'est de pénétrer de plus en
plus l'univers intime de la pensée et en concluant à
la fusion des intelligences masculines et féminines,
constituée par affinité, l'entité distincte de la cons-

cience universelle, but le plus élevé de l'évolution mondiale, par l'épanouissement des puissances de bien qu'elle possède en germe et qui ouvrent la porte en quelque sorte aux rapports de l'âme universelle avec les organes sociaux.

Que vous dirais-je de plus ?

Lorsque les forces inconnues se définissent par l'expérimentation lorsque les preuves de la survie font plus que de s'imposer à notre esprit, qu'elles s'imposent à la nature même, lorsque le chapitre initial des sciences psychiques concentre l'étude des facultés de l'âme, trace, assemble les matériaux de la nouvelle psychologie pour cette réalité réparatrice du mal : la primauté de l'esprit sur la matière, lorsqu'enfin l'idée principale d'un monde nouveau se dresse sanctionnée par l'expérience de toutes les vérités pratiques utiles au bien de l'humanité et fondée sur le but même de l'évolution des mondes : la Justice et l'Amour, *les sceptiques d'aujourd'hui sont des ignorants de la chose la plus importante qu'il nous soit donné de connaître, des superficiels qui ne veulent pas voir pour se convaincre, qui n'ont pas acquis la connaissance profonde d'une science renouvelée, qui vous associe pleinement à l'œuvre universelle et éternelle ou on sent Dieu présent.*

.·.

Si au moment où j'achève ma conférence mes au-
diteurs m'objecteraient que mes arguments ne les
satisfont pas complètement, je répondrais que je
n'ai pu parler que d'une partie de mon sujet.

A vrai dire, je n'ai pu que l'effleurer ; très pro-
chainement je vais aborder les études sur les idées
qui préparent l'avènement de la Religion nouvelle,
qui par la réaction spiritualiste, fondée sur l'éducation psychique et l'éducation mentale, prépare à
l'humanité une génération mûre pour tout ce qui
fait la gloire et la beauté de la vie.

Aujourd'hui seulement, j'ai voulu faire cette évocation de la grande victoire des vigueurs spirituelles, dont les clartés convergentes condensent le
divin, y allume la foi, et j'ai voulu vous dire : l'existence est une succession de cycles, le nôtre s'accomplit, la science touchant son zénith se confond de
nouveau avec ses principes constitutifs, *le cycle de
la Religion-science commence, l'ère de la femme
approche.*

Eh bien, pour travailler à cette idée à l'échéance
inconnue, que faut-il à celles qui peuvent, à celles

qui veulent, à celles qui sachant la croyance perfectible considèrent comme un devoir d'aider au développement de cette perfectibilité?

Le désintéressement.

Voilà ce qui est possible. Amassons donc avec zèle les efforts accumulés de la pensée humaine, qui dans une variété de radiations de lumière inépuisable, comme la source d'où elle émane, affirme toutes les grandeurs de la conscience délivrée, s'efforçant d'atteindre aux suprêmes sommets.

Recueillons à la fois dans les faits et les idées le plein rayonnement de la lumière libre qui vient de Dieu, et qui, toute baignée de raison, porte partout plus éclatante que jamais le réveil religieux et social, *responsabilité morale des élites devant les peuples.*

Oui en vérité pour que l'humanité se relève plus grande et plus forte, pour accomplir l'œuvre du Progrès; elle doit avoir devant soi la vision sacrée d'un monde meilleur, rayonnant à travers les ténèbres de cette vie, allégeant son labeur, amoindrissant ses peines, sanctifiant le travail qui rend l'homme digne de l'intelligence, digne de la liberté.

Un dernier mot, l'esprit religieux s'est réveillé plus puissant qu'il a jamais été, parce qu'à ces vertus naturelle s'ajoute désormais la science de l'équilibre des lois, la science de l'équilibre de Dieu, car Dieu se retrouve à la fin de tout.

Mais, je le redis, il ne triomphera que soutenu,

aidé par la femme proclamée l'égale de l'homme ;
par la femme ramenée dans le plein courant de ses
traditions, qui la pousse vers ce but supérieur ; rappel du passé par l'histoire, rappel de l'avenir par la
lumière, lumière qui ne vient pas des hommes et
qui fait lever toutes les têtes, diriger toutes les
âmes, tourner toutes les attentes vers la suprême
certitude de la raison, la suprême consolation des
cœurs, la vie commune dans le jour sans déclin et
la paix emplie d'esprits des espaces, à tous ceux
qui ont mêlé une espérance infinie aux misères finies
de la vie terrestre et enchaînés par la matière, *par*
l'esprit, sont délivrés.

C'est à cette délivrance que nous sommes libres
de travailler présentement avec indépendance et fermeté, éclairés comme nous le sommes par l'idée que
le monde est l'exécution d'une loi, et si nous parve-
nons un jour à la comprendre c'est en croyant à sa
justice qui délivrera l'humanité des profondes con-
vulsions de ses misères, quand elle aura payé à la
lumière la dette des ténèbres que, libre dans la
croyance, dans la pensée, dans la vérité, elle sera
libre enfin, dans le vol sublime de ses destinées
immortelles dont la gloire la plus haute est dans
l'élargissement des clartés, faisant le rayonnement
de l'Humanité Intégrale.

LA RENAISSANCE SPIRITUALISTE

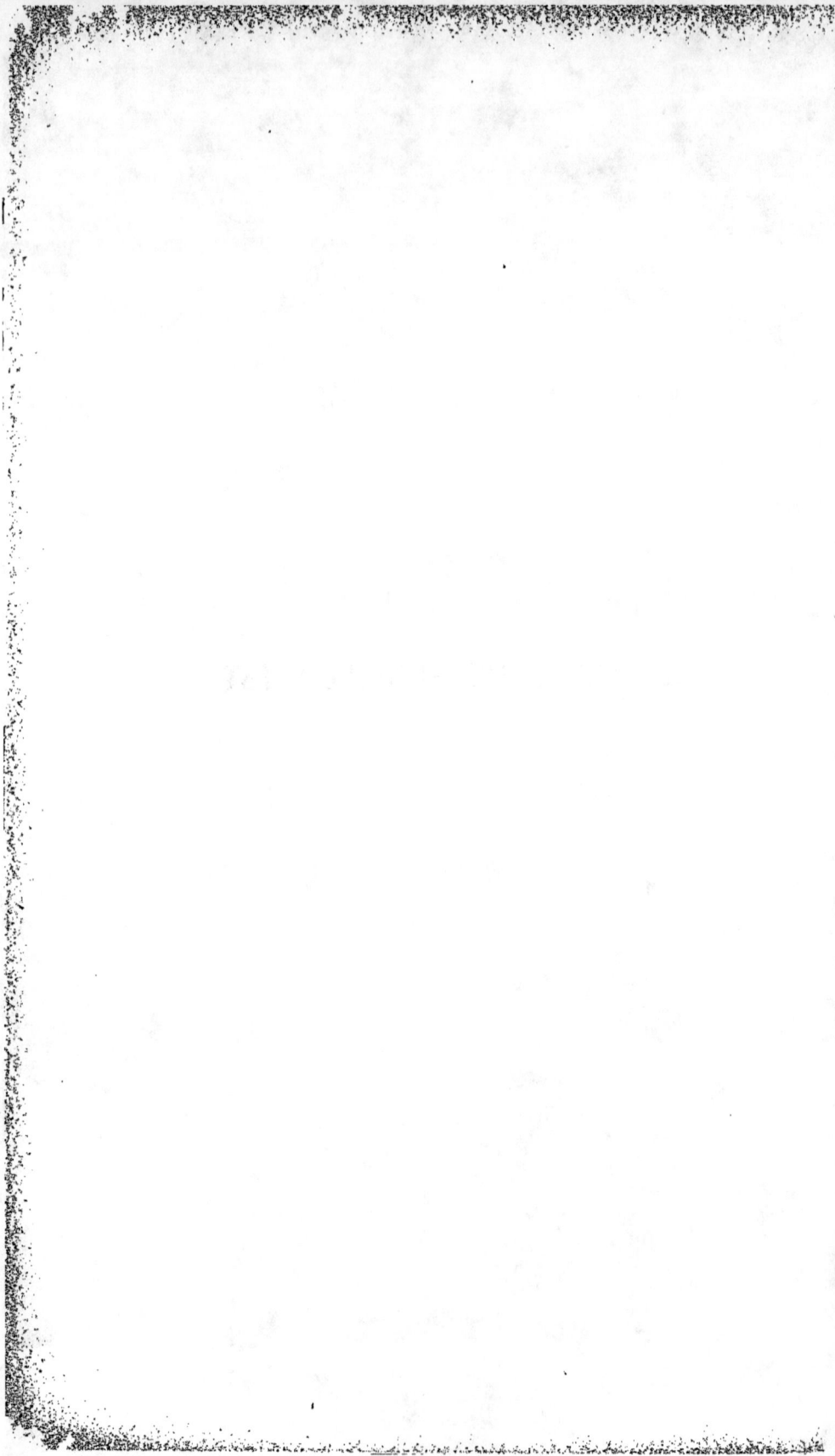

LA RENAISSANCE SPIRITUALISTE (1)

MESSIEURS, MESDAMES,

Une bonne action vaut mieux que de nombreuses paroles où le cœur n'est pour rien.

Oui, en vérité, l'élévation dans le Bien, fait seule l'homme religieux. On n'entre dans la vraie religion que par le Bien, en passant sa vie le plus utilement, relativement au bien des autres.

Là est toute la question. Le Bien social, c'est la vraie religion appliquée, on peut même aller plus loin et dire : *il n'y a qu'une religion, le Bien au service de la justice.*

Vous le voyez, la Religion n'est pas une question de culte, mais d'état d'âme à conquérir par le

(1) Des conférences distinctes faites aux Sociétés d'Etudes Psychiques de Nice, de Marseille et à la Société d'Expérimentation Psychique de Paris mai et juin 1909, ont été réunies dans cette étude, publié dans l'*Etincelle* et en brochure de propagande de l'œuvre Féministo-Spiritualiste.

respect de la loi morale, et par l'effort sur nous-mêmes. Ceci est tout le devoir ceci est tout l'idéal religieux, du véritable idéal, qui est au fond de la pensée universelle, de l'idée que donne l'Evangile par l'annonce de la descente promise de l'Esprit de vérité parmi les hommes, de la Rénovation religieuse que le monde attend, et qui est la très haute cime de la Pensée, de notre époque.

La preuve de ceci : c'est cette lutte acceptée avec tout ce qui ôte au corps périssable de la religion, et donne à l'âme immortelle de la foi, avec tout ce qui débarrasse la religion de l'inintelligible, de l'irrévocable, l'allège du grand poids de l'ignorance et lui rouvre les portes de l'inépuisable lumière, qui fait le fond de l'enseignement du Christ, animant de clartés spirituelles le cœur de l'humanité, par la parole de l'unique morale qui soit digne de Dieu : celle de l'Evangile. La pensée unanime de la morale s'exprime par ce code divin, devant lequel l'incrédulité elle-même s'incline.

En vérité, la Morale de l'Evangile fait partie de la vie même de l'humanité. Dieu l'a faite, la Vérité la garde. Oui, l'Esprit de vérité, voilà le point d'appui.

Remarquez ceci : la vérité n'est pas partielle, elle est universelle.

De là la question, la grande question fondamentale qui saisit la Rénovation religieuse en ce moment, et la remplira dans l'avenir, et cette question la voici :

Enseigner de telle sorte la Religion que cet enseignement puisse être érigé en vérité universelle.

Eh bien, la valeur d'un enseignement religieux
est en proportion directe de la tradition occulte qu'il
renferme.

Or, nous avons une tradition occulte à faire sortir
des entrailles du Christianisme méconnu et vénérable, du christianisme possédant le vrai sens de la
destinée, du christianisme ésotérique, où l'Esprit
de vérité passa en triomphateur avec le Christ.

Le moment est venu de faire remarquer à l'Eglise
officielle, qu'elle a à côté d'elle la vérité ; le moment
est venu de dire aux esprits sincères, si beaucoup
de point de l'Evangile, de la Bible, sont inintelli-
gibles, paraissent irrationnels c'est faute de la clef
pour en comprendre le véritable sens ; cette clef est
toute entière dans le Christianisme ésotérique, car
l'unité des vérités spirituelles se révèle en tout.
Donc, ne vous étonnez pas de m'entendre mêler ces
mots : christianisme, ésotérisme, progrès, dans
une confiance où je veux faire voir, dans la science
intérieure de l'homme : évidence de sentiments,
évidence de raison, évidence de faits, toutes les
puissances fondamentales de l'âme, et toutes les
grandeurs de la foi.

L'effort du plus petit, disait Victor Hugo, est aussi
vénérable que l'efford du plus grand.

Ce point éclairci, toute équivoque dissipée, sur
le vrai sens de mon sujet, j'entre dans le vif de la
question.

..

Vous le savez, hommes et esprits sont membres de la grande famille des âmes. Oui, en vérité, les humanités visibles et invisibles, terrestres et astrales sombres et lumineuses sont sœurs.

Eh bien, détournons un moment nos yeux de la terre, et regardons dans la vie de l'au delà, nous y avons des frères, des âmes, comme nous en travail de progrès, nous transmettant leur inspiration, rendant plus facile le chemin de la rédemption vers une vie plus haute et meilleure, la fraternité des esprits nous environne. Oui, de même qu'il y a des hirondelles guides, il y a des esprits guides qui par la seule attraction de la lumière, sont l'aimant, l'influence magnétique, annexant l'homme au Bien.

Ecoutez les grandes révélations spiritualistes : le concours extra-terrestre fait partie du système du mécanisme de l'univers, qui s'appuie énergiquement sur le principe de la solidarité des humanités visibles et invisibles, travaillant ensemble à leur mutuel avancement, les uns liés au fardeau du corps, les autres déliés de ce fardeau, déliés du besoin, déliés de la fatalité, transfigurés dans la lumière et par la lumière.

Oui, demandons, implorons, exigeons les secours des bons esprits, qui font luire à nos yeux la divine lumière et raniment notre foi quand elle vient à s'ébranler,

Songez-y, les sociétés célestes sont formées d'esprits qui quittent les régions bienheureuses pour infuser à nos âmes une existence nouvelle; d'esprits associés, coordonnés, rangés pour le bien, comme les puissances des esprits infernaux, par la seule attraction de la matière, le sont pour le mal.

Selon le choix, que nous ferons sur terre, choix se confondant avec notre volonté, les phalanges célestes se sépareront des enfants de Lucifer, ou accueilleront les frères du Christ. Cela est certain : l'objet de la terre est de semer pour le ciel, dans une collaboration consciente avec les forces qui œuvrent pour la délivrance de l'obstacle du mal, qui composent l'avenir avec ce que l'humanité a de meilleur dans l'âme. Sans nul doute, le but de la vie n'est pas dans la satisfaction de soi-même, mais dans l'intérêt personnel, dans la valeur réelle de servir le Bien, aidant les hommes à faire du Bien public, le bien général est fait de l'effort individuel.

Comme vous le voyez, malgré les complications présentes, il y a un intérêt sérieux, pressant, sur lequel nous serons tous d'accord, et cet intérêt le voici : faire échouer, avorter le mal, devant les puissances spirituelles du Bien. Le Bien avant d'être une pensée de l'homme, était une pensée de Dieu. Le Bien est le battement même de la pensée de Dieu dans le cœur de l'homme « cette larve divine » comme disait Luther.

Approfondissez cette grande chose : l'âme parcelle infinitésimale de la divinité, en s'harmonisant aux vrais principes, qui libèrent du mal, doit devenir satellite de Dieu, obtenir d'aider la divinité, dans l'élévation, l'éducation intime des mondes où l'infini, l'insondable, l'inconnu apparaît.

Voilà ce qui fait que par la réaction des éternelles idées de Bien, le Mal doit disparaître, comme s'enfuient les oiseaux de nuit, quand s'allument les feux du jour.

« Quoi plus de plus mal », dira-t-on, « c'est impossible ».

Nous avons le devoir de conquérir cet impossible!

Ne l'oublions pas, ne l'oublions jamais, le plus grand des envoyés de l'Unique Suprême, le Christ n'a pu vouloir l'impossible. Eh bien, le Christ a affirmé la réaction triomphante du Bien : « Soyez parfait, comme votre Père céleste est parfait ». Le Christ a affirmé la divinité de l'homme par des paroles comme celles-ci : « N'est-il pas écrit dans votre loi, vous êtes des dieux ? »

Et d'autres points de vue encore, la divinité de l'homme fait la paternité de Dieu.

Les Kabbalistes disent : l'homme est succesivement : pierre, plante, animal, esprit et finalement Dieu.

Remarquez ceci : Jésus n'a jamais dit : « Je suis Dieu » mais bien « Je suis fils de Dieu ».

Et ici germe cette pensée, en notre principe évolué en tant qu'âme, en notre principe évolué en tant qu'esprit nous sommes tous des Christ.

Ceci, c'est l'idéal de la question, nous ne sommes pas près d'y atteindre, mais cet idéal, il était nécessaire de l'indiquer, c'est le plus grave de tous ceux qui peuvent être agité devant la conscience, sachant que le précipice du Mal est toujours ouvert derrière le progrès des âmes, qui recule, y tombe.

Maintenant qu'est-ce que le Mal? Le Mal est une rupture d'équilibre, rompant la tonique intelligible de l'Esprit de Dieu.

L'équilibre, le « yoga » de la sagesse rompu, ne peut se réformer que par une transformation.

Eh bien, le Créateur la veut cette transformation sublime, par la réaction des puissances spirituelles sur les puissances des ténèbres, par la loi de miséricorde et de vie, qui est le triomphe du Père Céleste. C'est là ce qu'il faut admirer dans le vieux combat de l'archange et du dragon.

Je m'explique.

Le limon humain sort de la meule des forces cosmiques, puissance de la matière et de la nature, broyé par le Mal et par le Bien, formant la poudre de la terre, aux ferments contraires, mais cette meule c'est le doigt de Dieu qui la tourne, et ce limon est destiné à une prodigieuse lumière, parce que dans ce limon il y une âme, une conscience qui se débat contre la matière ; un esprit engagé à

dominer le royaume des sens de Satan, à pro-
clamer la puissance, la sainteté de l'irréductible
pensée du Bien, la délivrance de l'obstacle nous
séparant de la victoire finale qui s'appelle : la vie
spirituelle.

De là ceci : pour mettre au cœur des hommes,
une telle puissance pour le règne du Bien, que
celui du Mal soit à jamais détruit, que faut-il faire ?

Il faut profiter de la conquête des vérités spirituelles, il faut en profiter et savez-vous comment ?

En rendant accessible à toutes ces vérités spirituelles ; en enseignant aux masses la loi secrète qui
régit les mondes, en ouvrant toute grande aux âmes
cette immense Bible qu'est la voie de l'évolution
de l'univers où frémissent toutes les fibres tenant
au sol de la Religion universelle, afin qu'elle
rayonne sur l'humanité, pour le triomphe du
Bien.

Aussi le devoir de tous ceux qui aiment le Bien,
et ces paroles s'adressent à tous ceux dont la fonction est d'être la pensée, la conscience, le progrès
l'intelligence abordant le Bien de front, *est de pro-*
pager, de tendre par tous ses efforts de la dilata-
tion des âmes, pour l'union avec l'unique suprême,
centre et raison de la vie consciente afin que
l'homme trouve dans l'évidence de ses sentiments et
de ses idées le royaume de Dieu.

De là, la convenance actuelle de certaines philosophies spiritualistes, pour l'accomplissement de
cet acte d'une portée incalculable, proposant la ré-

forme la moins utopique et la plus féconde en ses conséquences.

Laquelle ?

La réforme des âmes.

Ce sont là les fêtes de nos guides célestes, des Esprits dévoués à l'éducation morale de l'humanité et qui, en rapport avec la nature du monde auquel les lient leur degré d'avancement, ont jeté au vent, les griefs, les ressentiments, les rancunes, les haines terrestres, et n'ont plus rien dans leur volonté que ce rayonnement : aimer pour lutter ensemble contre le Mal.

∴

Avant d'aller plus loin un mot d'explication.

L'âme est une force, pourquoi ? Parce qu'elle est une Pensée.

Oui, l'essence de l'âme est dans la Pensée irréductible, vibrant sous les effluves de la Pensée éternelle, par laquelle elle se réalise. Et que de milliers d'années qu'il a fallu, pour que se produise cette incomparable merveille des opérations de l'entendement et de la volonté, qui font la connaissance intérieure de la pensée, *architecte de la destinée,* de la pensée consciente, principe de la pensée agissante.

En effet, qu'est-ce que les bonnes actions ? La mise en pratique des bonnes pensées.

Donc, regardons notre pensée, parce que c'est en elle que l'homme se connaît, parce que c'est en elle que sont les lumières de la conscience intégrale, sensorielle et hyperphysique, c'est-à-dire de l'unique moyen de nous élever au-dessus de nous-mêmes dans l'immédiate révélation de notre cœur.

Et considérons le moment où nous sommes.

La Pensée est le souffle même de notre époque, et cette pensée avertit le monde, que rien ne résistera à son travail colossal.

Où va-t-elle cette Pensée ?

Elle va vers la justice. Non vers la justice transitoire et faillible s'en allant dans la fumée des codes, mais vers cette justice, écho religieux de la conscience universelle, qui est un résultat de la croissance humaine. Eh bien, pour que la croissance soit normale, il faut que la pensée soit entière, qu'il n'y ait nulle part fracture à sa force. La Pensée manquant à l'âme, c'est une force manquant à la société.

C'est ici qu'apparaît surtout l'utilité de l'éducation psychique, de la science de l'âme ; rendre la plénitude à l'âme, en la délivrant progressivement de son côté obscur, inférieur, des passions qui la tourmentent de l'obstacle suprême de la fatalité intérieure, en faisant de tout homme un candidat à l'art d'être heureux. Oui, le bonheur, c'est la plénitude joyeuse, triomphante, éperdue de la lumière, des clartés, par lesquelles la Pensée évoluée s'épure, se régénère, s'élève à un état d'avancement, condition d'une vie plus subtile et plus parfaite, entrée enfin, en pleine possession d'elle-même, en puissance de toutes ses harmonies, amorties sous les voiles de la chair.

La Pensée c'est la flamme de notre immortalité.

Or, souvent des hommes, pleins de grandes pensées ont passé les bras croisés devant l'appel des souffrances humaines.

Pourquoi? C'est que les pensées pour devenir agissantes doivent s'animer, s'enflammer à la chaleur des cœurs, c'est qu'il ne suffit pas d'aimanter les fronts d'un regard de l'au delà, c'est que l'éclosion magnifique de la pensée n'est rien sans l'éclosion sainte des consciences, sans cette lumière qui éclaire, féconde, centuple les puissances de l'âme accomplissant sa mission de travail sur la terre.

De l'âme, qui porte en elle, dans la hauteur de sa nature, un rayon de l'universelle justice et reçoit d'elle le mandat de fonder la justice sociale. Oui, voilà pourquoi la conscience ne peut perdre le souci des choses divines, parce que la conscience au sens philosophique et social du mot, ne complète ses effets que dans la confiance en la justice de Dieu.

C'est la conscience ici-bas, qui implique la providence là-haut.

En effet, si la vie n'est qu'un accident, pourquoi

l'âme chercherait-elle à réaliser la perfection ? Tenez, seule la foi en l'au-delà donne un prix infini à l'humanité.

A la vérité, l'humanité ne se relève que comme image de l'infini, image de l'infini en ce qu'elle connaît le progrès infini.

Monter d'échelon en échelon, d'initiation en initiation, toujours plus avant, toujours plus loin, toujours plus haut vers les grandes formules liant ensemble l'infini de l'âme et l'infini de l'univers, c'est la fin de la vie consciente, c'est l'unité.

Maintenant si nous approfondissons ce vaste ensemble tout marqué du doigt de Dieu, voici la réflexion qui s'offre à l'esprit : dans la société telle que le code de la force l'entend, les devoirs émanent des lois, dans la société, telle que l'arbitrage des esprits l'entend, les devoirs doivent émaner de la conscience.

Oui, en vérité, *la cité future sera bâtie avec la conscience des citoyens qui brisera tout ce qui peut servir d'armes aux violences, parce que le point de vue sous lequel on envisage la vie terrestre, l'idée nette et précise qu'on se fait de la vie future, a des conséquences immenses sur la moralisation des hommes, sur l'instinct transcendant qui nous pousse vers un but supérieur vers l'œuvre spéciale que chacun de nous est chargé dans ce monde de fonder et de conttinuer.*

Donc fixons les yeux sur les conditions de la croyance inébranlable voyons le Bien de l'humanité, voyons l'avenir.

Telle est la pensée, forte et sérieuse, qui est au fond de toutes les âmes, sachant que ce sont les voix intérieures qui créent l'unique réalité, le « soi » se confondant avec la conscience universelle, on peut aller plus loin et dire : les consciences individuelles ne sont que les radiàtions du « soi » universel avec lequel elles doivent s'identifier.

Comment ? Par l'exécution de la loi morale, qui est une rectification incessante de soi-même par l'amour du prochain se résumant dans la vertu la plus contraire à l'égoïsme, la charité.

Hors la charité, pas de salut.

Aimer le prochain ! c'est la meilleure manière d'aider Dieu, dans l'œuvre immense de la pacification du monde.

Voilà où le matérialisme s'est largement trompé, le matérialisme qui a intronisé le darwinisme, l'écrasement du faible par le fort, il a aggravé toutes les misères terrestres, par la négation de tout ce qui fait la formation de la conscience, qui percée même du glaive de l'adversité, est traversée du rayon de la consolation et de l'amour, quand elle marche à la conquête des suprêmes sommets.

Seulement c'est malaisé, on ne scelle par de cet index là le livre de Dieu, et l'idéal religieux est plus vivant que jamais.

En résumé, ce qu'on ne retranchera pas c'est ce droit invincible : le problème religieux est un fait de conscience ; seule la conscience, cette lampe intérieure de la divinité peut nous éclairer. Et tout cela

fait, qu'au lieu de la négation que voulait les néan-
tistes, c'est l'affirmation qui est venue.

.·.

Il résulte que la Rénovation religieuse qui a l'honneur d'être scientifique et la grandeur d'être chrétienne, doit se tourner comme je vous le disais tout
à l'heure vers la science intérieure de l'homme, vers
la diffusion grandissante de la vie psychique, vers
cette psychologie d'aujourd'hui qui remplace la métaphysique d'autrefois, vers cette psychologie, fondement logique des règles de la pensée, de ses aptitudes, des clartés naturelles de la démonstration de
la survivance, qui dégage des lumineux rayons de
l'être psychique et contient ce mot sublime : immortalité.

Oui, l'immortalité est psychique, le germe de la
vie, ce n'est pas la matière, c'est l'élément psychique,
car il n'y a pas de matière irréductible ou intrans-
muable, seul le monde spirituel est indestructible, et
le Christ en est le centre.

Désormais le but de l'évolution de la Pensée, est
de restaurer l'unité des vérités spirituelles, de rallier
cette évolution au Progrès universel élargissant sans
cesse l'idée de l'Humanité-une.

Chose digne de méditation, le rythme de l'histoire, nous ramène vers la justification de ce merveilleux instinct de prescience appartenant aux anciens, aux grands initiés, qui pensifs, écoutaient bruire entre le visible et l'invisible toutes les vagues du grand kos-mos. Les anciens qui étaient plus avancés que nous dans l'occulte croyaient ce qui semble probable à notre pensée évoluée, que dans son ensemble la vie a pour but de restituer à Dieu en forces spirituelles, ce qui en est sorti en forces flui-diques.

Et à ce propos, puisque j'y suis amenée par mon sujet, je vous rappelle que les Egyptiens, qui vivaient plus que nous dans la communion de la tombe, croyaient que la personnalité de chacun résidait dans le royaume des doubles, ciel intermédiaire, qu'éclairent des lumières interposées entre le ciel supérieur, séjour des dieux, et du ciel inférieur, ce-lui du monde que nous habitons, et qui est, comme vous le savez, le quatrième des sept globes de notre chaine planétaire, ébauchant dans les fourmillements d'univers, un groupe solidaire de la grande famille de Dieu. Oui, en vérité, l'enveloppe qui constitue le corps de l'Esprit ; la forme humaine est une occulta-tion ; le corps physique, le corps éthérique, le corps astral sont les trois vêtements de l'Esprit irréduc-tible. Ceci correspond à ce fait : la nécessité du gouvernement du corps par l'âme à l'imitation du gouvernement de l'univers par Dieu.

Et quoi, nous saurions manier les forces physiques,

et nous serions impuissants à agir sur les forces intérieures qui commandent notre corps?

Il est impossible que l'étude des forces psychiques n'en soient profondément occupée.

En effet, ce qui caractérise notre époque, c'est précisément la recherche des clartés vraies, donnant la clef ouvrant la porte aux facultés de l'âme, sur tous les plans : psychiques, astrales, mentales, organes physiques des sens, revêtant une modalité autre, échappant aux propriétés essentielles du poids et de l'étendue, et ramenant l'ancienne conception de la matière aux perspectives nouvelles des théories fluidiques, *d'une valeur absolue dans l'ordre scientifique.* Eh bien, ce qui résulte de l'essentielle affirmation de ces théories, de tous ces nouveaux modes de communication à travers l'éther vital : télépathie, transmission de pensée, phénomènes à distance, c'est d'une part que ces notions nouvelles ne sont nullement incompatibles avec notre connaissance actuelle, à laquelle la matière apparaît radioactive, c'est-à-dire fluidique, et de l'autre, que nos sens physiques ne sont que les outils de faculté psychiques, la révélation, le rayonnement de nos sens périspritaux. Plaçons-nous à ce point de vue. De deux choses l'une : ou la survivance est psychique, ou elle ne l'est pas.

Si elle l'est, ce que nous devons *apprendre à connaître,* je le répète et j'y insiste, ce sont les puissances de l'âme, essence même des phénomènes psychiques, témoignant par leur portée intégrale et mystérieuse de la migration de l'âme à travers la

série des existences, qui prononce le mot de l'immuable justice de Dieu.

Ce que nous devons *apprendre à vouloir* c'est de
rendre l'âme susceptible de s'assimiler les forces
mystérieuses de la nature, et d'être dominé par
l'âme qui réalisera demain ce qu'elle rêve aujour-
d'hui.

Ce que *nous devons apprendre à pouvoir*, c'est
de rendre l'âme pénétrable aux communications supérieures avec les puissances spirituelles, pour s'élever avec leur aide, vers un état d'avancement et de
pureté, condition de vie plus subtile et plus parfaite.
Une chose est certaine, les communications avec
l'au-delà est la dernière grande secousse du progrès
spirituel, seulement les phénomènes doivent être
dominés par la force de l'Esprit, par l'intelligence
conduisant les fluides, qui apparaissent et se révèlent
principe. Toute évolution spirituelle a un caractère
double, c'est une formation de l'esprit sous une élimination de la matière.

Pour arriver à ce but, pour vivre au degré supérieur, que faut-il faire ?

Il faut habituer l'esprit à exercer ces centres psychiques, à accroître sa sphère psychique. Comment ?
En aidant l'esprit à se projeter sur le plan psychique,
siège de l'énergie vitale, sur le plan mental, siège
de la volonté intelligente, à se créer en un mot sur
la ligne de contact entre le visible et l'invisible une
personnalité, *résumant son individualité propre,
qui est un appel à la lumière pour régir l'avenir.*

Nous nous sentons sous les ailes de l'invisible, rendons justice à la certitude, ne soyons pas ingrats envers l'espérance qui ressaisit l'infini ; qui à travers les calamités matérielles, nous dit :

Le but de la vie est de se rendre digne de cet avenir qui fermente dans les profondeurs de conquérir ses grades dans la seule hiérarchie qui compte, celle des âmes ; d'atteindre les célestes phalanges, car c'est là, et seulement là que l'âme trouvera la paix avec elle-même, et par conséquent la paix de l'être avec l'universel Bien. N'en doutez pas l'âme se développe par son action propre, et par celles des forces intellectuelles et ascendantes peuplant la substantialité éthérée du cosmos, suivant les échelons de l'échelle des entités, qui servent d'intermédiaire entre l'homme et la divinité.

Remarquez ceci : la théologie scientifique, comme la théologie mystique affirment l'existence de ces entités rayonnant les énergies, les luminiscences d'autres univers.

Qu'est-ce que les Anges planétaires des Eglises, les Kabires des Anciens, les Recteurs des Théosophes, les Sept Esprits de la Présence « sans lesquels » dit saint Thomas, « Dieu n'œuvre jamais », si ce n'est la doctrine enseignée de l'organisation logique et raisonnée de l'univers, rentrant en possession de toute sa mystérieuse nature, une ascension éblouissante et sacrée, ou notre planète n'est autre chose qu'un phénomène de gravitation sous le poids d'une destinée.

Le prodige de la Loi de vie, c'est qu'elle est invisible et présente, elle est en haut et tout près. Son point d'appui n'est pas sur la terre, il est dans l'infini. Les courants dérivant des grands réservoirs inconnus (le fondement de l'univers nous est inconnu) les courants des entités organiques et inorganiques, unissent, associent en eux les courants des forces subtiles, pour l'accomplissement de l'œuvre évolutionniste universelle qui descend, passe et monte.

Ah ! que de choses seraient claires pour la pauvre humanité, si elle était à même de les comprendre. Quoiqu'il en soit, croyez, avec foi, une fin morale est impliquée dans l'univers, et on peut affirmer que, malgré les désordres et les antagonismes qui agitent la vie mauvaise, ce monde est le meilleur possible, au fond dans l'essentielle et éternelle vérité.

Seulement il faut faire jaillir l'étincelle de cette vérité. D'où ? Des lumières spirituelles qui sont au-dessus de nos têtes, et que les grands esprits ont interrogés, des lumières qui ne s'éteignent jamais.

Oui, sans nul doute, le progrès spirituel, c'est le pas même de l'évolution des mondes. La Loi divine ne connaît pas d'abdication, les âmes ne restent pas indéfiniment dans les ténèbres de l'ignorance, seulement, les âmes subissent des occultations, comme toute force, comme tout astre dans la mystérieuse influence des destinées et de l'Absolu.

Méditez ceci en effet, les forces que nos vies antérieures ont développées, rayonnent sans cesse autour de nous, dans les forces astrales d'après lesquelles nos destinées s'équilibrent, constatant la quantité de recul, comme la quantité de progrès.

Ceci entre autre est toute la valeur intrinsèque et essentielle du calcul astrologique.

Qu'est-ce que l'astrologie ? La science du calcul des probabilités astrologiques, fondé précisément sur la certitude de la projection des forces bonnes ou mauvaises, des idées et des sentiments qui génèrent la succession de nos vies dans l'infini des existences planétaires et célestes. D'après l'astrologie, la destinée est une résultante, selon la correspondance entre l'homme et les divers signes du cosmos, et précisément du zodiaque en relativité avec les sept sphères où s'enferment toutes les facultés, toutes les forces et toutes les grâces du monde.

Tenez, à ce point de vue, est-ce que l'on ne peut pas dire qu'à travers la loi du monde se confondant avec la loi de Dieu, qu'à travers les forces en partie nous échappant forces actives et conscientes, forces se révélant par des phénomènes exprimant la réalité accessible de la vie intime de l'univers, que saint Jean appelle « Amour », nous tenons par son aile l'esprit libérateur, où la vie divine se montre couvrant le mystère d'une nouvelle incarnation, d'un état de dégagement que l'apôtre nomme « la liberté glorieuse des enfants de Dieu ». Que conclure ?

Qu'il est beau de voir que les yeux de l'esprit que la science par l'Etude des différents états de l'âme : dégagement, extériorisation, projection télépathique ; que la science sous les formes d'expériences magné-

tiques cherchant l'explication du problème de la vie,
et interrogeant l'âme à laquelle elle ne voulait pas
croire, que la science expérimentale enfin, portant
sur les vérités spirituelles agit sans le savoir, pour
la gloire de la Foi.

C'est un immense intérêt humain. Oui cela est
vrai, la Science seule ne peut bâtir l'édifice d'harmonieuse concordance que promet la société future, de
par la science expérimentale même, l'âme écoute les
notes chuchotantes de l'infini, l'esprit touche aux
vérités scientifiques, touche aux vérités spirituelles
et leur dit : « Parlez, rayonnante au-dessus de nos
têtes les lueurs qui ne s'effacent pas, la certitude pro-
clamant les grandes réalités des rapports entre ceux
qui se sont aimés. La vérité, c'est la fraternité entre
les âmes, s'appuyant sur la solidarité perpétuelle des
incarnés et des désincarnés.

∴

Oui, désormais la croyance rationnelle vit l'œil
fixé sur ces questions.

Et maintenant pesez ceci : de quel côté est aujour-
d'hui l'âme des nouvelles générations.

Est-elle du côté d'un dogme basé sur des contradictions inacceptables, sur un dogme incompréhensible dont les violences, souvent odieuses, ont divisé la famille humaine. Non, c'est la vérité qui a l'âme des nouvelles générations.

J'ajoute ceci : le mensonge religieux n'est plus possible, le dogmatisme intransigeant est désarmé, son droit est épuisé, il ne peut plus rien contre l'examen critique. Voilà pourquoi il y a combat, un combat suprême entre l'enseignement dogmatique, enseignant ce qu'il faudra oublier, le passé qui résiste et l'idéal religieux moderne, l'avenir qui marche ; entre le dogme, qui, lui, ne change pas d'âge et va d'un côté, et l'intelligence qui va de l'autre, ce qui pour lui est la vérité, est pour elle l'erreur.

Oui, en vérité, la servitude de l'enseignement en matière religieuse, c'est le passé. Il faut en prendre son parti.

Il faut vouloir sincèrement, fermement, ardemment, l'éducation rationnelle de la croyance, il faut la vouloir sincère et non hypocrite. Il faut la vouloir, ayant pour but l'Esprit et non la lettre. Cette génération voit déjà clairement que le dogmatisme ira décroissant, et la renaissance spirituelle ira grandissant, que la société ne peut revivre le passé de la foi, que nous aurons une foi nouvelle qui couronnera l'ancienne comme le progrès nouveau couronne l'ancien.

Vous le savez, vous le sentez, et la bienveillante attention que vous accordez à mes paroles le prouve,

la question qui nous occupe répond à l'appel des
hommes éclairés, voulant une religion à laquelle ils
puissent croire.

Eh bien, les parents qui la désirent pour eux
doivent la souhaiter pour leurs enfants. Et même
est-ce qu'il y a lieu d'en douter, quoi être d'un côté
des esprits affranchis, et de l'autre être ce contre
sens, des esprits asservis, garottés, impuissants à
distinguer le mal du bien, le juste de l'injuste, la
servitude de la liberté.

Est-ce que cela est possible ?

Non, plus de tutelle, plus de joug clérical, Dieu
est trop grand pour cela.

Tenez, ce qu'il faut aujourd'hui à tous, pour ra-
nimer et vivifier les esprits inquiets, anxieux, incer-
tains, ce ne sont pas les absurdités du dogme,
formant la période d'enfance de la Foi. — La Religion a eu son enfance comme la science — ni les
hypocrisies cléricales et le cléricalisme dominera
toujours les Eglises, parce que les Eglises s'ins-
pirent surtout du catéchisme et très peu de l'Evangile. Et ce ne sont pas les faux semblants de l'éducation laïque, blessant les jeunes cœurs d'athéisme
et de matérialisme, car si l'enseignement est forcé-
ment restreint, l'enseignement laïque sans Dieu,
manque de la base nécessaire enveloppant d'amour
l'humanité entière. Ce qu'il faut à tous, pour combattre le mal moral qui nous tourmente, dans cette
oscillation orageuse du siècle, dans l'anxiété générale, dans le travail sinistre des haines, devant

l'inconnu, c'est d'opposer, au-dessus de ce que les agitateurs font en rêve, la création d'un point fixe. Lequel? Celui d'un idéal religieux tenant en mains les éléments élaborant transmettant l'idée supérieure d'un monde plus évolué, qui doit de plus en plus s'élever, s'élargir, se socialiser, suggérer l'extension incalculable de nos facultés mentales et psychiques, pour la conduite, la direction de l'existence terrestre, préparant le passage difficile de l'âme remontant à sa patrie d'origine dans le plein rayonnement de l'intelligence consciente.

Remarquez que c'est l'enseignement théologique seul, qui dresse le bilan de la faillite religieuse, oui, le prêtre qui garotte la conscience et met Dieu sous le dogme, l'ébranle autant que le matérialiste qui laisse blanche cette page, où la consciense écrit ce mot : Dieu. Et cela dans quel moment?

Au moment où plus que jamais une puissante initiative morale est nécessaire, au moment où tous les intérêts rivaux se dressent les mains pleines de problèmes redoutables, au moment où les penseurs, les publicistes, les sages inquiets, marchent au bruit d'une société qui tombe. Les faits sont plus que les paroles.

Rappelons-nous les révolutions passées.

La Révolution religieuse qui d'une part s'élevait jusqu'aux régions d'un ordre nouveau, et de l'autre décrétait l'antique arbitraire. Pourquoi?

Parce que les vérités fondamentales de ces révélations servaient à émonder très peu la société, sa

racine restant la même. Parce que, l'action des
mœurs réforme plus que celle des lois, et que le
plus difficile du problème social est de trouver une
solution, qui en fasse un mode de création pacifique.

Parce qu'enfin, il ne suffit pas de faire une œuvre,
il faut en faire la preuve et la preuve d'une œuvre,
c'est la régénération morale accomplie. Voilà ce qui
fait, qu'avant de pénétrer les peuples de la puissance du savoir, il faut les ramener *par une autre
voie*, à la pratique du code divin, seul donnant la
solution du redoutable problème de civilisation qui
nous est posé. Comment?

Par cette énorme quantité de lumière libre, que
dégage la rénovation religieuse depuis plus de cin-
quante ans ; lumière directe toute faite de raison ;
lumière aujourd'hui éclatante du respect, de la
grande volonté de ce qui est vrai, de ce qui fait la
virilité d'âge de la foi, de ce qui consacre, resserre,
cimente, l'alliance de la pensée évoluée et de la
croyance rationnelle, *seule cette résurrection religieuse là, résultant de la croissance normale,
constante, naturelle des expériences intelligentes
de la conscience, peut apaiser, adoucir, élever, dominer la force mauvaise des catastrophes, la calamité du démembrement social qui arrive.*

Voilà ce qui fait, que s'il faut séparer l'Eglise de
l'Etat, il le faut non pour détruire la religion, mais
pour la restaurer. Alors pourquoi attacher ce vaisseau avenir, l'éducation de la croyance, aux débris

de ce navire naufragé, le dogmatisme, qu'emporte de toute part l'inflexible courant de la pensée humaine.

Pourquoi ? Parce que pour réaliser cette chose simple, l'enseignement de la vérité, pour faire tomber devant la grandeur, la force, l'impulsion s'ouvrant dans les vérités spirituelles, cette forteresse du dogme dont l'air brûle et pèse, et cette indifférence en matière religieuse, qui glace les grandeurs de la Pensée, par suite des fausses notions que nous avons en religion, par suite surtout de l'usage établi, il faut que la conscience humaine soulève les invraisemblables difficultés du mensonge.

Il résulte que les préparateurs des faits futurs, doivent désirer que la société ait en elle-même des forces intérieures qui interprètent la vérité et ainsi la laïcité cessera d'être confondue avec l'athéisme.

Tout cela compose la grandeur de la Renaissance Religieuse. Oui, en vérité, quand la religion et la science feront un, l'Eglise et l'Ecole cesseront de faire deux.

Au fond, et à voir les choses de la hauteur de la Pensée, on peut dire : Tant que la Foi n'était qu'opinion, elle pouvait être incohérente mais à une époque où l'unité de force nous est donnée par la physique, l'unité de substance par la chimie, l'unité d'origine par la biologie, la philosophie pure et transcendantale tenant à la fois de la révélation scientifique et de la révélation divine, doit imprimer nécessairement à la croyance le sens de son unité primordiale. Quelle est cette unité ? dira-t-on. C'est celle de l'unité psychique, de notre race...

C'est celle qui descend dans les entrailles de la double tradition orientale-occidentale et qui ramène au faîte l'évolution de la Religion universelle, tenant les deux flambeaux, l'un la science, l'autre la Foi.

Oui, désormais l'incohérence a vécu en la foi, l'âme de l'ancien monde est épuisée, la torsion du dogme est redressée, l'irrévocable enfer est ôté, les voiles du péché originel se déchirent et découvrent la perspective de la grande synthèse, qui suit résolument la trace longtemps délaissée des traditions occultes et saisit d'un burin neuf la sortie radieuse de la foi régénérée, où l'unité de la science apparaît devant l'unité de l'univers.

.·.

Je dis en terminant et que cette pensée nous encourage à écarter l'obstacle de la théologie matérielle si le christianisme est tombé en défaveur auprès de tant d'êtres qui recherchent une plus noble conformation à la vie, c'est que son idéal a été déplacé, rapetissé, étriqué par la dégénération dogmatique, descendant cette pente implacable, la logique des fautes qu'on a fait. Je ne veux pas presser, toutes les conséquences des conciles de Nicée. Je m'arrête, mais je dis seulement *que les assises de la théologie des conciles ne sont pas le fondement du vrai christianisme.*

Les conciles, ah ! c'est là le grand mot. Et tout à l'heure je vais vous prouver que les Pères de l'Eglise (et ici il faut distinguer entre les Pères apologistes et les dogmatiques) d'accord et de front avec les grands initiés, acceptaient les principes dégagés par la Renovation Religieuse moderne, et précisément l'idée des communications entre les initiés et les désincarnés, les réincarnations successives construisant les destinées futures : Ainsi saint Irénée et saint Augustin pensaient « que le corps éthéré conserve l'image du monde charnel ». Voilà une preuve. En voici d'autres. Saint Grégoire de Nysse dit : L'âme immortelle doit se purifier dans la vie terrestre et dans les vies subséquentes. Enfin, saint Augustin nous confie sa foi en les relations avec les désincarnés par ces paroles sur sainte Monique : « Je suis persuadée que ma mère reviendra me visiter, et me donnera des conseils en me révélant ce qui nous attend dans la vie future.

L'école d'Alexandrie voyait clairement dans l'enseignement réel, profond, efficace de l'occulte, elle opposait à la foi simple la gnose, c'est-à-dire la science approfondie des mystères ; voilà pourquoi elle tirait des écritures des grandes vérités spiri-

tuelles, qui générèrent, entre autres, les enseignements mis en circulation par Denis l'Aréopagiste
dont s'est nourri la mystique du Moyen Age.

Je veux parler de la réfutation du discours de
Celse par Origène éclairant de certitude l'existence
d'un enseignement ésotérique, gravé dans l'histoire
du Christianisme.

Et, si le réfutateur de Celse, obtint raison contre
lui, avec l'autorité traditionnelle de l'Eglise, il arriva
très promptement qu'il fût lui-même réprouvé, ré-
primé, condamné par les gouvernants de l'autorité
ecclésiastique, lorsqu'il déclara « les âmes créées
par le Verbe, avant l'origine du temps et unies à
des corps en punition de leur faute ».

C'est la doctrine de Jamblique. « Les peines qui
nous affligent sont les châtiments d'un péché, dont
l'âme s'est rendue coupable dans une vie anté-
rieure ».

L'Eglise en voulait à la raison humaine, car cette
idée prédestinée à une crise décisive, lorsque
triompha l'Eglise cultuelle, fait partie de la vie
même de l'Eglise spirituelle, comme de l'humanité
pensante.

Remarquez ceci : l'Eglise primitive rédigeait ses
formules non comme des jugements humains, mais
comme les révélations de l'Esprit : « Il semble bon
au Saint-Esprit et à nous », déclare l'assemblée de
Jérusalem.

Eh bien, appuyée sur ces preuves je déclare,
dans ma conviction, — ce qu'il faut pour remonter

à la source du Christianisme pur, c'est remonter le courant de l'Eglise officielle.

Maintenant on dit que les vérités ésotériques de l'Evangile ne sont pas assez évidentes, il fallait qu'il en soit ainsi : Dieu n'éclaire que ceux qui travaillent à le découvrir.

Je le répète, et songez-y bien, le vingtième siècle, plein d'instincts profonds et nouveaux, travaille à maîtriser la grande synthèse religieuse.

Eh bien, cette grande chose, cette synthèse féconde est contenue en germe dans l'Evangile.

Oui, en vérité, bien des paroles évangéliques seraient sans signification et demeureraient incompréhensibles, en dehors d'une interprétation ésotérique, dont chaque partie a ramassé un morceau de la vérité totale, où s'aperçoit la clarté de la synthèse universelle. Méditez ceci, en effet, l'Evangile de saint Jean, si bien nommé l'Evangile de l'Esprit, n'est que la révélation et le rayonnement des voix intérieures du Christ, qui, du haut de son royaume spirituel, laisse tomber sur l'intelligence de privilégiés des paroles comme celles-ci :

— « Ne vous étonnez pas de ce que je vous ai dit qu'il fallait que vous naissiez encore une fois. (Jean v. 15, 13).

Le principe de la préexistence est clairement exprimé par cet autre passage de l'Evangile :

« ...Jusqu'à Jean, tous les prophètes aussi bien que la loi, ont prophétisé — et si vous voulez comprendre ce que je vous dis, *c'est lui-même qui est*

Elie qui doit venir. — Que celui-là entende qui a des oreilles pour entendre (Saint Matthieu, ch. xi, v de 12 à 15).

Les apôtres, ils étaient pour le maître, l'intelligence des multitudes résumée en quelques hommes, donc c'est pour tous que résonnaient ces graves et saintes paroles : « Il y a plusieurs maisons dans la demeure de mon Père ».

Ah ! rappelez-vous ce cri douloureux arraché au Christ :

« — Vous ne me croyez lorsque je vous parle des choses de la terre, comment me croirez-vous lorsque je vous parlerai des choses du ciel (Saint Jean, ch. iii, v. de 1 à 12.)

Oui, en vérité, ne confondons pas l'Eglise officielle avec le vrai Christianisme, pas plus que nous ne confondons la Lettre qui tue avec l'Esprit qui vivifie.

En résumé, les organes de l'Eglise officielle, et principalement la conception nicéenne, en condamnant solennellement l'inégalité des trois personnes divines, l'éternité de la création, la durée temporaire de l'enfer, troubla la source même des vérités spirituelles en les matérialisant, abâtardit la vérité évangélique et la déforma.

Oui, considérons avec un inexprimable sentiment d'espérance et d'angoisse le miroir du christianisme primitif brisé dans la lourde et pesante servitude des ténèbres de l'humanité charnelle. Il semble en ce moment que la Providence trouva l'humanité

trop jeune pour ce qu'elle voulait faire, et le christianisme ésotérique, l'Eglise des dons spirituels,
dans son duel avec l'Eglise officielle, l'Eglise des
dons cultuels s'inclina vaincue.

Il n'y a pas deux justices et deux vérités. Je ne
sais plus quel grand penseur a dit ces mots profonds :

« — Il faut être sincère en religion, le vrai christianisme demeure parmi les hommes, comme la vérité de Dieu, entre deux croix ».

Entre deux croix, la doctrine qui levait le silence
de l'Eglise, sur l'origine des âmes, qui découvrait
la loi d'où tout découle de la source de la cause et
de l'effet, base naturelle de la pénalité de l'univers,
révélation perpétuelle de la Justice de Dieu, principe d'une ascension de l'Esprit, s'épanouissant,
sans limite vers la hauteur. Entre deux croix, la doctrine qui par la préexistence donnait la clef des iné-
galités, des souffrances, des misères de la vie terrestre, payant la dette de l'erreur, et créant la force
et l'intelligence du libre arbitre.

Entre deux croix, la doctrine qui montrait à l'humanité terrestre, les autres humanités, non pas inconnues mais invisibles, qui sortent de nous et pla-
nent sur nous dans un long rayon de fraternité et
d'amour.

Tenez, Origène, surnommé « l'homme d'airain » (1)

---

(1) Origène, d'après saint Jérôme, ne composa pas
moins de deux mille ouvrages.

à cause de sa prodigieuse puissance de travail, le grand Origène enfin, n'a-t-il pas annoncé que « *l'Esprit de la vérité spirituelle triomphera définitivement de l'erreur des conciles œcuméniques dans la suite des temps.* »

Enfin le Christ, qui tenait de Dieu la parole du monde spirituel, ne disait-il pas aux apôtres : J'ai encore beaucoup de choses à vous dire, mais vous ne pouvez les porter maintenant ; quand l'Esprit de vérité va venir, il vous enseignera toute la vérité. (Jean XVI).

C'est tout cela qui est dans la Renaissance religieuse moderne, c'est tout cela qui se mêle à ces paroles par lesquelles Allan Kardec termine l'Evangile selon le spiritisme :

« Le spiritisme vient réaliser à son heure les promesses du Christ ». C'est tout cela que la lettre voudrait éteindre, c'est tout cela que l'Esprit de vérité veut voir progresser. Oui, tout ce qui se passe en ce moment c'est l'avènement de l'Esprit de vérité.

Aux cléricaux assez illogiques pour dire : Le progrès religieux ne marchera pas, Dieu répond par la rénovation religieuse qui marche.

A ce point de vue évolutif, de la situation actuelle, on peut déclarer que toute religion périra dans le monde ou le christianisme ésotérique se transformera en religion définitive de l'humanité, car il n'est pas en le pouvoir de la pensée de créer un idéal plus parfait que celui de l'Evangile indestructible, du Christ victime des scribes et des Pharisiens du

dogme duquel viennent toutes les correspondances
du vrai spirituel : — *la vérité c'est la vie en Jésus.*
Voilà pourquoi je suis pénétrée et voilà pourquoi je
voudrais pénétrer ceux qui m'écoutent de la grande
nécessité d'un retour vers la pureté originelle du
christianisme primitif, car la main du vrai christianisme est vivante, et vous donnera le salut.

.·.

Je ne dirai plus qu'un mot. La haute parole de
l'unique homme parfait qui passa sur la terre, celle
qui devançant le temps annonça l'avènement du
monde moral, ce berceau de la liberté de l'Europe
chrétienne ; celle qui affirma le Dieu des Esprits,
étant au fond de toutes les âmes, l'unique Dieu dont
l'humanité a besoin ; celle qui est de tous les rayonnements de l'amour le plus large, le plus glorieux,
le plus fécond, la parole du Christ enfin, c'est la lumière même que fait la main de Dieu, quand elle est
sur la Bible des peuples et cette Parole a été et est
encore plus que jamais, le phare allumé indiquan
le trait d'union du passé et de l'avenir, le guide su_
prême soutenant les cœurs, dans toutes les épreuves
de la vie, l'idéal moral qui s'accro... se transforme'

se renouvelle, autour de nous, au-dessus de nous, au-dedans de nous, et voit monter le flot de la société nouvelle.

Eh bien, qu'elle est dans ce commencement agité de siècle l'auxiliaire indiqué de cette Parole ? N'est-ce pas celle qui parlant d'avance le langage de la postérité dit :

« Donnez à tous la Lumière, et la paix sera la volonté du monde ; donnez aux peuples un idéal religieux accru, transformé, renouvelé, par le plein rayonnement de l'intelligence humaine dans les faits et dans les idées. Car vous n'avez rien fait tant qu'il y a des milliers d'âmes abandonnées sans pain spirituel. Vous n'avez rien fait tant que l'anarchie de l'homme intérieur ouvre les abîmes sociaux ; vous n'avez rien fait, rien fait, tant que l'ordre moral n'est pas consolidé.

Ah ! revenez, apôtres, hommes animés d'une foi intense, et montrez à l'humanité moderne, le christianisme dans toute sa grandeur. Parce qu'il faut que la Renaissance religieuse n'ait qu'une seule âme pour marcher à ce grand but, à ce but magnifique, à ce but sublime, l'abolition de l'ignorance. Vous qui n'avez reculé devant aucun péril, vous qui n'avez hésité devant aucun devoir, venez raffermir la société ébranlée encore une fois.

Par les lois fraternelles de solidarité des humanités visibles et invisibles, des lois évangéliques, Esprits lumineux, venez de toutes parts en aide à la pauvre humanité, parce qu'il faut qu'elle soit

grande, afin que la terre soit affranchie ; parce qu'il
faut que les souffles mystérieux alimentent les
vraies lumières, parce qu'il faut que la vérité s'appuyant sur elle-même, ait raison de tous les obstacles, parce que Dieu veut qu'une seule chose soit
à la taille de cette vérité : c'est le Bien, la vérité qui
aide autrui.

CE QUE C'EST QUE LE FÉMINISME

SPIRITUALISTE

CE QUE C'EST QUE LE FÉMINISME SPIRITUALISTE (1)

(CONCILIATION DE L'ENSEIGNEMENT LAIQUE ET DE L'ENSEIGNEMENT RELIGIEUX PAR LA FEMME CONSCIENTE, ÉDUCATRICE A TOUS LES DEGRÉS)

Conférence faite au Congrès spirite universel de Bruxelles 1910.

Si l'ensemble de tous les points sociaux est dans l'éducation, dont l'instruction et l'enseignement sont les pierres vivantes, le concours de la femme est tout indiqué dans cette œuvre, car par sa vocation familiale la femme a nécessairement la vertu éducatrice, et que ne pouvant peut-être prétendre à une carrière aussi étendue que l'homme sur le plan EXTÉRIEUR, elle doit s'occuper des principes de la raison *intérieure* et de leur développement qui font du moi féminin conscient et réfléchi, *les nervures centrales de la Pensée éducatrice.*

(1) Parue dans le *Livre du Congrès*, dans l'*Etincelle*, *Le spiritualisme moderne*, *Le journal de la Corniche.*

Oui, en effet, c'est la femme qui verse les prémices et les arrhes de la plus profonde, de la plus pénétrante des éducations, celle qui fait la structure et la solidité du moule intérieur, d'où sort l'action sociale, celle qui redit dans des actes cette *identité de la vie intérieure et de la vie extérieure qui fait le réel*, l'éducation des âmes enfin, et personne ne niera, je suppose, que la transformation des âmes c'est la transformation des volontés, par toutes les réalités qui sont avec la Pensée consciente.

Je veux donc, dans un seul fait, la *femme éducatrice*, et dans un seul moyen, l'éducation de la croyance, vous faire voir l'Esprit du Féminin, *éducateur à tous les degrés; et vous prouver que s'il ne l'est pas, il faut qu'elle le devienne.*

Et ici, permettez-moi une réserve qui touche à un intérêt principal de la question, car accepter le principe de l'égalité des sexes, ce n'est pas encore accepter toutes les opinions qui le représentent.

Je tiens à marquer mon point de départ et je dis que la femme, marchant à côté de l'œuvre libératrice, doit poser les jalons de son triomphe prochain,

contre les excentricités et les abus de son propre
parti; doit pousser le respect de sa conscience jusqu'à dénoncer elle-même tout ce qui change le mouvement féministe, en petit filet d'intérêts exclusifs,
d'influences néfastes des menées sectaires qui ayant
pour consigne tyrannique la proscription de tout
sentiment religieux et tout idéal spirituel, perver-
tissant l'inspiration initiale de l'Esprit du Féminin,
du Sectarisme en un mot, qui oublie que l'émancipation mal équilibrée de la femme, semble devoir
lui ôter ce que la nature lui a donné de meilleur,
*reculant l'ombre autour de la femme la laisse en
elle.*

De là tant d'équivoques, dont la femme, voulant
gouverner les autres avant d'avoir appris à se gouverner elle-même, a sa part, ce qui est juste.

Voilà pourquoi un grand nombre d'esprits qui
pensent, voient dans toutes les formes du mouvement féministe deux sens du même mot; deux degrés, ou plutôt deux évolutions dont l'une, de réalité
temporaire, parce que d'intérêt purement matériel,
à laquelle se réduit presqu'exclusivement une grande
partie du féminisme, interrogeant la lettre sur l'esprit, le dogme sur la religion pour la nier; l'autre
totale de réalité permanente, parce que d'intérêt spirituel, parce que s'inspirant de la tonalité propre,
pour ainsi dire personnel de l'Esprit du Féminin
dans le champ du Cosmos, de la Pensée vivante,
qui condense, qui incarne dans la femme les intérêts
moraux de l'humanité.

Oui, il faut que ceci soit clair à tous les esprits : les affirmations du féminisme, ce n'est pas le fait matérialiste, comme le voudrait le féminisme militant ; non, non, c'est l'action pratique de l'évolution spirituelle et c'est son plein équilibre, quoique en plein bouleversement, qui fait dire au mot Justice ce que la partie masculine fait dire à la force ; oui, en effet le féminisme n'est par essence et précisément que l'abolition du droit de la force, cette base païenne du code, qui portant au-dedans la cicatrice de ses chutes, est encore intérieurement la même qu'autrefois.

Eh bien oui, si la loi n'est pas encore vaincue par le droit, si la violence n'est pas encore vaincue par la tolérance, si l'ignorance n'est pas encore vaincue par la vérité, c'est parce que le Verbe nouveau, le Verbe de l'humanité intégrale, n'a pas encore pris sa consistance propre, personnelle sur le plan de la conscience profonde par une volonté ferme et mystérieuse d'un psychisme plus évolué qui réhabilitera, vengera, défendra les mots magiques de Fraternité, Egalité, Liberté, par la force occulte qui imprègne et guide, le règne attendu de l'Esprit de Vérité, le règne du féminisme spirituel et psychique.

Oui, sans nul doute, après la victoire aboutissant à l'entière possession des forces naturelles vaincues, viendra celle qui détachera enfin du progrès scientifique, tout frémissant de l'effluve spirituelle de l'Esprit nouveau, les forces peut-être infinies qui nous pressent de toutes parts ; les forces psychiques déliées dans les voies des destinées nouvelles, embrassant toutes les perspectives de la Pensée moderne, pour l'élargissement de la vie morale et intellectuelle des peuples. *Là est la signification de cet événement : l'ère spiritualiste ; là est le sens de ce mot : le siècle de la femme.*

C'est le point du jour nouveau. Aussi, que le féminisme militant, qui voudrait traiter le moderne spiritualisme en simple incident évolutif, y songe : si les signes du temps sont féministes et spiritualistes, c'est parce que la victoire de l'un fera le triomphe définitif de l'autre.

Il résulte de là que l'avenir vivant, permanent, croissant du féminisme, est moins dans la quantité de droits que revendique la femme que dans cette chose profonde : *être une puissance éducatrice, révélatrice des énergies psychiques, réorganisatrice d'une éducation de la croyance qui perfectionne vraiment l'homme et la société, par l'émission, par le rayonnement d'un psychisme supérieur, sortant d'une évolution très avancée des lumières intérieures qui percent, qui un jour perceront radieusement et dissoudront, par l'épuration éthique et sociale de l'humanité, les ténèbres de l'ignorance,* car le mal tient surtout à l'ignorance, mais l'ombre n'a pas de réalité en soi et la lumière vaincra.

Comment ? Par la force des vérités spirituelles, qui développent graduellement le côté supérieur de l'humanité, qui portent secours à ses instincts élevés, dont la culture lui fera un besoin de soumettre ses

6

instincts inférieurs par l'expansion de toutes les réalités psychiques dans cette direction : Lumière.

Oui, oui, en vérité, pour former des êtres intelligents et libres, il faut baser l'éducation nouvelle sur ce quelque chose qui ne plie jamais et demeure toujours ferme, sur l'unité de l'être psychique dont la stabilité est dans l'équilibre naturel de la Pensée consciente.

Notion immense, qui saisit en ce moment l'opinion et remplira l'avenir d'une éducation rationnelle de la croyance, constituant sa supériorité *par le fond de la Pensée, et non par sa seule surface.*

Là est toute la question, et le féminisme conscient doit prendre mesure sur cette question-là, pour s'appeler éducatif. On peut même aller plus loin et dire que la force du mouvement du Progrès réel est tout entière dans l'extension des vérités spirituelles, soutenant le frontispice de la Femme *éducatrice à tous les degrés*, par l'effluve spirituel, inondant son psychisme propre.

..

Oui, si la femme, c'est l'éducatrice naturelle, le minisme spirituel, c'est l'éducateur idéal.

Pourquoi ? Parce que, seule, la pensée manifeste

de l'être conscient peut comprendre tous les devoirs
de la Pensée éducatrice ; parce que la Pensée consciente, centre où aboutissent toutes les idées, d'où
rayonnent tous les dévouements, *est la cause même
de l'éducation des âmes* ; parce que la Pensée consciente qui sait que le principe de vie est en Dieu,
comprend que l'homme ne peut se perfectionner véritablement qu'avec l'aide des vérités spirituelles ;
ne peut passer à une vie meilleure qu'en se confor-
mant à la loi qui est l'expression même de la volonté
de Dieu, et qui par le déchirement même de ses vices,
fait monter l'humanité de la chair à l'esprit, par ce
quelque chose d'insaisissable, d'inaccessible, qui
s'appelle l'effluve d'intelligence et d'amour, dressant
la tête de l'homme vers Dieu.

Oui, il y a un volcan de lumière dans ce fond
mystérieux contenant tous les vols de l'infini, la vue
de la Pensée consciente sur un plan supérieur, d'où
descend le secours de la vérité suprême.

Voilà pourquoi le matérialisme bourgeois, qui dé-
séquilibre le monde sous ses deux aspects monstrueux : la féodalité de l'or et l'anarchie matérialiste
peut contenir le monde ; seule la rénovation spirituelle s'adressant aux âmes le possédera réellement,
car seule elle peut présider à la reconstitution morale de l'humanité, par l'élan, par l'unité d'aspira-
tion, par l'expérience des forces actives et libres des
âmes, qui frappent sans cesse à cette porte si dure-
ment fermée de la délivrance finale ; des âmes qui
demandent et reçoivent, qui cherchent et trouvent,

qui mêlent déjà leur vague à celle de la génération qui nous effleure, qui appelle, au grand jour des profondeurs muettes de l'édifice social, le règne de la Justice dans les esprits et de la Charité dans les cœurs. Le règne de la vérité sanctionnée par la connaissance, le règne de l'Esprit, qui rejettent le linceul étroit du matérialisme et du dogmatisme, et *transporte son centre délivré dans l'infini de Dieu.*

Le triomphe de la Femme, le voilà.

Mais ce triomphe, comme je viens de vous le dire, ne s'exécutera que par un principe et un moyen.

Ce principe, c'est celui qui appuie l'équilibre social sur l'harmonie des sexes divergents mais égaux.

Ce moyen, c'est celui qui prépare une réorganisation de la croyance, basée sur l'observation positive de la nature, sur le schéma des lois universelles marquant l'origine et l'ascension des esprits, de l'âme immortelle arrivant au calme de la Pensée consciente, de l'apaisement sublime de l'Infini. C'est avec cette arme qu'elle vaincra.

Oui, oui, en vérité, c'est par le cerveau, *par le baillon d'un psychisme inférieur*, que l'homme a voulu l'abaissement de la femme, c'est par le cerveau, *par le glaive d'un psychisme supérieur*, que la femme se relèvera, se transfigurera et transfigurera l'humanité.

Et quoi, à l'heure où les découvertes extraordinaires des sciences expérimentales iconographie l'invisible, quand la théorie électro-dynamique, avec les rayons X, désagrège presque les atomes, la femme nouvelle, qui doit faire la nouvelle humanité, l'Esprit du Féminin qui apparaît au-dessus de tous les codes, pour détruire tous les esclavages et sanctifier tous les progrès, ne connaîtrait pas encore son véritable psychisme, mais développerait les apparences vaines du pacte masculin, dont la faillite prochaine est précisément dans son impuissance à éclairer le chemin de la vie évoluée, c'est-à-dire à projeter les lumières d'un psychisme supérieur, mettant enfin l'accord entre la pensée et le sentiment.

Pour cette raison et pour d'autres raisons sociales et raisons morales, la femme ne doit rien éluder de son rôle.

Oui, au point de vue logique, puisque les degrés évolutifs se traduisent dans l'ambiance psychique ; puisque les attractions des âmes sont proportionnelles à leur évolution ; puisque le tempérament psychique attire les influences bonnes ou mauvaises qui s'exercent sur son aura, cette vie meilleure ne commencera pour la société que lorsqu'elle renoncera à son psychisme supérieur, dans la stabilité des croyances, qui fait à son tour la stabilité sociale, le fonctionnement de la conscience collective.

Oui, l'éclosion de la foi dans le cœur de l'homme, c'est l'évolution de la perfectibilité dans tous les ordres du progrès.

C'est là ce qu'il faut remarquer, c'est là ce que l'Esprit nouveau, défrichant le terrain pour la société nouvelle, attend de la femme évoluée, du plein essor de sa pensée éducatrice.

.·.

Ici se pose cette question :

D'où vient que la société a passé négligemment, presque sans s'arrêter, devant cette indication de la nature, qui fait de la femme la grande force éducatrice du genre humain, *la coopératrice naturelle de l'œuvre scolaire à tous les degrés ?*

D'où vient que la femme, à qui on confère tous les grades universitaires et les diplômes de docteurs, qui passe de niveau avec l'homme sous la même toise intellectuelle, ne reçoit dans l'œuvre éducatrice qu'une part très limitée, à l'aide de laquelle elle ne peut posséder réellement la force motrice éducatrice, impliquant son mouvement à tous les degrés de l'œuvre scolaire ?

La raison, la voici : c'est le caractère faux de l'omnipotence masculine, qu'abdique l'essor de la Pensée moderne, qui par un sentiment étroit de son pacte réservant aux hommes seuls l'économie des

hautes études, par une conception éducative purement conventionnelle exclut à peu près la femme de
tous les hauts emplois, de toutes les hautes fonctions de la représentation des intérêts de l'œuvre
éducatrice, de quel droit? Du droit de la loi que
l'homme a confectionnée, et qu'il a imposée à la
femme, la voulant civilement mineure, moralement
esclave.

Duel entre les deux sexes? Non. Le masculin et
le féminin sont équivalents; mais duel entre deux
principes : la loi et le droit.

Oui, le féminisme, qui par le seul mouvement de
sa pensée s'est élevé de l'état d'assujettissement jusqu'à l'idée absolue de l'égalité des droits pour les
deux sexes, le féminisme aboutissant logiquement à
la rénovation morale intellectuelle, sociale de l'humanité, à la frontière marquant un changement d'âge
de la société, ne prendra pas mesure sur la justice,
qu'on peut bien appeler la félonie du masculin, qui
entre autre, prend renfort sur la supériorité du principe mâle, du rôle de générateur attribué à l'homme.

Eh bien, ni l'anatomie ni la physiologie ne lui oc-
troient ce principe qui lui est si cher, et remarquez
ceci : l'étude du mécanisme cérébral, chez la femme,
n'a malgré cent modes d'investigations divers, jamais démontré l'infériorité qui lui a valu l'insulte et
l'affront du masculin.

Ainsi, il serait presque puéril de rappeler à ceux
qui affirment l'incapacité de la femme à remplir les
hautes fonctions sociales, que nombre de femmes se

sont admirablement acquittées de la plus haute de toutes ; celle de Reine.

Telle est la mesure exacte d'un préjugé.

Eh bien, puisqu'aujourd'hui la société délibère sur le droit des femmes, puisque la loi du masculin est revisée par le droit, droit dépouillé et découronné du féminin, puisque l'essor de la pensée moderne exige l'expansion générale du Féminisme, le moment est venu pour l'Esprit du féminin de pénétrer dans le sanctuaire de l'instruction publique qui est encore porte close pour la femme, et qui pourtant en s'affirmant mixte bi-sexuel, seraient une enceinte ouverte aux tournois des idées, à l'équité pour tous s'équilibrant avec toutes les libertés.

Qu'est-ce que l'œuvre de la civilisation intégrale ?

L'œuvre de la civilisation intégrale, c'est l'éducation économique de la mutualité des sexes, c'est une des plus grandes ressources encore si peu connue du monde civilisé, l'unique par laquelle cette civilisation parviendra à monopoliser les deux formes intellectuelles des deux sexes divergents, mais égaux, pour l'éclosion du bien-être général, car jamais, l'humanité ne pensera, ni n'agira en grand sans le concours intégral de deux facteurs égaux de l'humanité, qui développe et déroule la marche rythmique du progrès, dans le but de synthétiser, de rendre actif et visible le devoir de faire entrer l'humanité dans une plus grande union en unissant en un seul faisceau toutes les lumières éparses de l'humanité.

Les puissances par le concours, intégral des deux sexes dans l'œuvre éducatrice, ce bras de l'avenir construisant la cité future.

Aussi, jamais, jamais l'éducation ne fera front de toutes ses lumières tant que l'intelligence féminine ne sera pas entière dans les résultats logiques de cette question fondamentale de l'œuvre scolaire renfermant l'artère de vie et s'affirmant comme force créatrice, réparatrice, fécondante, pour reconstruire un avenir meilleur en pleine lumière, mais aussi sans esprit de vengeance de la Vérité sans laquelle il n'est pas donné à la société de vivre jamais complètement, c'est-à-dire ne sentir pas battre dans son sein le cœur des jeunes générations, palpitant vers une civilisation supérieure.

Ah oui, si l'homme, au lieu de s'emparer du pouvoir par la force s'était décidé à le partager avec la femme, quelle ressource possible n'aurait pas eue l'humanité pour fortifier son caractère, augmenter son savoir, agrandir son génie, car si les intérêts du féminisme sont liés aux intérêts communs de l'Humanité, ceux de l'Humanité se confondent avec ceux de la justice.

Mais l'humanité n'a pas suivi cette direction, et la direction qu'elle a suivie ne l'a pas conduite au bonheur, et dans l'inextricable amas de maux où l'opinion s'agite au hasard, il serait puéril de le nier.

∴

Ici, les événements répondent pour cette idée, un
proche avenir jugera, si en présence du mal partout
répandu, de la révolte des instincts d'imposture et
d'illusion poussant, déchaînant les appétits aveugles
et cruels renfermés dans l'humanité ; si en face de
tant d'obstacles arrêtant le développement de la conscience sociale, esprit de licence qui prend des pierres
au chemin pour se déchirer lui-même, de division
de toutes sortes qui décompose et pervertit l'esprit
humain, recrudescence des délits, statistique des
crimes les plus hideux, acceptation de tant d'abjec-
tion ; oui, un proche avenir jugera, si en présence
en un mot de la plus grande, de la plus profonde
des révolutions sociales enveloppant cette société
qui semble vieillir inutilement, il est trop hardi de
désirer en dehors des préjugés des sexes, le concours des deux facteurs égaux de l'humanité, sans
autre distinction que celle de leur capacité. Si vraiment il est trop hardi de penser que ce n'est pas trop
de toute l'intelligence, de toute l'élite des deux sexes
montant à l'assaut du progrès, pour le plus noble,
le plus efficace et le plus vital des intérêts du mou-

vement social. Lequel ? Celui dont la base solide est
dans l'éducation de la conscience collective par
l'éclairage de toutes les réalités qui sont avec cette
conscience, dont la perception conçoit, veut, impose
et marque le rôle prédominant de la femme dans
l'œuvre éducatrice, dans ses résultats économiques
et moraux en dehors de la compétition, de la riva-
lité, de l'antagonisme de la lutte des sexes, repré-
sentant dans l'histoire la cause de la plupart des désordres qui entravèrent et entravent la marche de
l'humanité. Remarquer ceci, en effet : il ne s'agit pas
ici seulement du préjudice dont la femme est victime, mais de celui fait à la société dans la sphère
des intérêts généraux et publics, par le préjugé qui
a mis à l'écart, éloigné la femme des hauts emplois
dans l'œuvre scolaire, de la place que lui assigne la
nature. Sans nul doute et l'autorité des préjugés, des
superstitions et de la routine, ne peut être qu'une
cause de déficit à l'œuvre humaine, oui, en vérité les
grands traits de la psychologie nous montrent la
femme plus haut que l'homme, en la pleine lumière
de l'Idéal, aussi l'assujettissement de la femme, et
nous n'avons pour le démontrer qu'à reprendre l'histoire de l'humanité, c'est la crise de la matière contre
l'esprit.

Eh bien, sous le souffle du grand vent d'une ère
nouvelle, d'une nouvelle éducation des âmes, ce fait
peut s'accomplir, la splendeur de l'universelle conscience peut rayonner au faîte de la civilisation,
la main de la Foi rationnelle peut se poser sur

le masque grimaçant du vieux scepticisme pour
l'ôter.

. *.
* *

Certes, en présence du mal partout répandu, il
faut plaindre ceux qui semblent ne pas comprendre
que les clefs des vertus de l'âme sont dans les vérités
spirituelles, qui sont des vérités précisément parce
qu'elles sont au-dessus des perceptions communes,
comme l'infini d'où elles émanent.

Ceux qui tentent d'ignorer que la plus réelle des
pratiques, celle de la sagesse n'implique aucune
connaissance objective ; et cependant elle est la base
et le lien des rapports qui doivent éternellement
exister entre la créature et le créateur ; ceux qui ne
demandent pas à la Beauté, à la Justice des lois divines, ce qu'elles pensent du faible lumignon de vérités vacillant sur notre planète, et qui sous tous les
noms, sous toutes les formes de l'impuissance humaine, répète l'écho formidable de l'Inconnu ; oui,
oui, plaignons ceux qui, voyant l'horizon de l'Europe noir du conflit menaçant des haines, n'élèvent
pas leur regard vers le calme du firmament sans
bornes, au sein duquel vibre la synthèse évolutive,

qui constitue l'éternelle Harmonie, Vision de Paix
universelle ; ceux qui, ayant l'ombre terrestre sur
eux, ne songent pas à tout ce qui se trouve dans la
foi de l'au-delà ; ceux enfin qui ne pensent pas au
lendemain qui les attend, duquel ils ne peuvent
douter, sans lequel l'être n'est pas.

Comme vous le savez, la question est posée. D'un
côté la négation sans preuve, de l'autre le fait et
l'explication de ce fait ; les preuves de la survie et
l'explication de ces preuves ; et certes ne pas s'orien-
ter dans le sens des pas qu'a fait l'intelligence en
Europe, s'accomplissant dans la claire vue de l'expansion générale d'une doctrine qui donne la chose
et le mot de la chose, c'est être mauvais logicien, et
ceci en raison du nombre des éléments de conviction
qui compose cette connaissance des lois régissant
les rapports du monde visible et du monde invisible ;
des lois comprises de la nature humaine, se sachant
appeler à une existence bien plus sublime que l'existence phénoménale ; des sciences psychiques, en un
mot, dont le but est de manifester l'homme à lui-
même.

Sans nul doute, la force du mouvement scientifique, la science synthétique, la science de l'avenir, se constitue par la découverte des forces invisibles.

On dira peut-être : cette science n'est encore qu'un souffle ; oui, un souffle, *mais un souffle remuant le monde.*

Déjà l'impression par tous éprouvée, c'est que l'édifice des vieux principes scientifiques chancelle.

Ainsi, la découverte des forces invisibles a détruit le principe des corps simples, et montré celle de la transformation des vieux alchimistes, si fortement soutenue par les représentants de la nouvelle science, qui pensent que la constitution physique des corps dépend probablement de l'état physique des atomes, des variations de l'énergie atomique, forme stable ou instable de la même énergie, aux polarités diverses.

Quand une fissure est faite à une méthode, c'est un axiome qui tombe, l'axiome par exemple, selon lequel l'énergie comme la matière ne peuvent être détruites, ni créer est en contradiction avec les principes fondamentaux de la science exacte actuelle, puisque le radium développe des quantités considérables d'énergie qu'il ne paraît avoir emprunté à aucune source, énergie peut-être aussi inépuisable que la force éternelle, en soi immatérielle, ce moteur unique qui prend, pour unique auxiliaire, la Pensée au mystérieux dynamisme.

Certes, la science actuelle ne fait encore que scruter l'écorce extérieure des lois de l'invisible ; mais qui pourrait affirmer que la race future, celle qui sans doute saura plus de choses, celle pour laquelle nous traversons les innombrables domaines extérieurs des lois de l'invisible, n'entrera enfin dans le domaine de son intimité, par la vue simple et infinie des théories psycho-spirites ramenant tout un ordre de faits au seul fait des vérités transcendantales qui sont des vérités positives s'échappant d'un plan supérieur, dérivé des grandes hiérarchies progressives des manifestations cosmiques, qui s'exercent au nom de l'éternelle Harmonie.

Oui, les temps sont venus de passer un faisceau autour des principes soutenant le frontispice de l'unique Vérité ; la volonté, la conscience sociale le proclame.

Ne l'oublions pas, ne l'oublions jamais, il n'y a qu'une religion, la vérité, mais il faut savoir la pénétrer et la comprendre.

Donc le fondement de la certitude est bien dans la raison humaine se confondant avec la raison divine, la raison humaine est le disciple, la raison divine est le maitre.

Je le répète et j'y insiste, la connaissance de la véritable nature de l'âme et de sa destinée, s'imposant à ceux qui ont la haute mission d'éclairer et de guider les esprits, repose sur la vérification du contrôle de la raison humaine, s'acheminant vers son unité majestueuse avec la raison divine.

C'est de ce principe de la raison générale qu'on voit sortir, comme des conséquences rigoureuses plus que le motif de la raison sociale qui conseille, celui du motif moral de la raison sociale qui oblige, qui seul, peut remédier à ce manque de puissance réorganisatrice dont souffre l'organisme social, malgré sa situation révolutionnaire.

Notez ceci, le nouveau cycle religieux qui commence, la Religion-Science s'appuie sur les fondements reconnus pour vrai par tout le genre humain.

Ce que le vaste ensemble des religions atteste ne saurait être faux, il résulte de là que toute foi vraie est une partie du culte de l'Esprit, tout ce que la croyance offre d'universel est vrai et rien n'est vrai de ce qui n'est pas universel, la manifestation, le témoignage du genre humain, c'est la manifestation de Dieu même.

Là est le dogme positif de la religion nouvelle.

.˙.

Un dernier mot, disons·le, et disons–le précisé·
ment en présence de la crise sociale dangereuse à
laquelle la société arrive anxieuse de ne pouvoir ré·
soudre devant le festin resplendissant, affamant les
uns pour la jouissance des autres, l'obscur problème
de multiplier dans toutes les nations, l'élément gé·
nérateur du bien·être des peuples ; oui la civilisation
matérielle, ce fruit de l'esclavage des masses n'est
pas la dernière raison du progrès ; non, non, ce ne
sont pas les éternelles déclamations des menées politiques qui dissoudront, courberont la forme vile des
rites intérêts, égoïstes, briseront leur inaction, fou-
leront les mille anneaux de la spéculation bourgeoise,
purifieront l'atmosphère de son individualisme
monstrueux et mesquin.

Ce n'est pas eux qui apporteront ce qu'il faut de
fermeté dans les actes moraux, de conciliation dans
les actes sociaux. Pourquoi ? Parce que le bonheur
social et sa conscience est un fait identique.

Il y a des vérités qu'on ne saurait remettre trop
souvent à l'esprit, ni l'union économique des peuples,
annoncée par la science, ni la réunion des natio-

nalités entrevue par les penseurs, ni aucun credo, ni aucune communauté de la terre n'est capable de rapprocher les hommes sans l'union des âmes, des pensées répondant à la profonde et terrible question du réveil, encore vague, d'une conscience sociale supérieure basée sur la constatation des vérités spirituelles, qui, dépassant les horizons de la vie, ne peuvent y être contenues.

Certes, la renaissance psycho-religieuse mérite d'être considérée comme un des principaux caractères de la Pensée du triomphant par les principes moraux contre toutes les forces monstrueuses, contradictoires de la démoralisation, il faut plus.

Répétons-le, insistons y, pour dissoudre la vérité, la pénalité de la force, pour réconcilier la loi avec le droit, pour tuer la guerre, abolir l'échafaud, pour que la société devienne le mot animé de toutes les forces sociales en équilibre, il faut plus que la fécondation des cerveaux, plus que les colonnades magnifiques de nos expositions, plus que l'armée immense de nos machines.

Il faut faire vibrer, autour de l'unité des aspirations vers le Bien, l'accomplissement du Verbe nouveau, de l'Ode et de l'Humanité intégrale du concours universel de toutes les forces d'affranchissement et d'harmonie, sortant de l'immense lumière de la conscience collective de l'humanité, car la réalité fondamentale du social est dans l'ensemble des consciences collectives, dans l'expérience centrale du sens du divin donné à notre race, qui ne se réhabilite que par le pouvoir de l'Esprit sur la matière, s'élevant plus haut que son point d'appui.

Comment ? En identifiant le bonheur individuel au bonheur collectif, la vie à la Parole, l'action à la Pensée.

Voilà le principe, le principe incontestable et absolu, qui conçoit, affirme, développe la grande évolution des âmes par l'amour progressif, du don de soi, cœur, pensée, inspiration pour le bien de tous ; de l'amour universel qui fait vivre de la lumière de la vie intérieure, la rend inviolable, donne ou ôte sa sanction à l'existence et s'appelle : la splendeur universelle des consciences.

Ce n'est pas assez d'être croyant, il faut être apôtre, on ne sait rien, si on ne sait pas dilater son cœur vers le ciel.

Je vous l'ai dit en commençant et en terminant je vous le répète, *pour la transformation, pour l'épanouissement de toutes les fraternités, il faut que l'âme de la société vive au plus haut d'elle-même dans la femme consciente, préparant l'éclosion du divin dans l'humanité, par une éducation de la croyance, mise au service de la vérité, au-dessus de toutes les compétitions, dans la lumière éternelle, indéfiniment grandissante.*

VERS LE CREDO UNIVERSEL

VERS LE CREDO UNIVERSEL (1).

Saint-Augustin disait : « La chose que l'on nomme aujourd'hui religion chrétienne existait déjà chez les antiques, elle n'a cessé dès l'origine d'assister le genre humain, jusqu'à ce que le Christ lui-même s'y incarnât. »

Comme vous le voyez, les Pères, cette sève première de l'Église primitive, cette dernière expression de l'éloquence gréco-latine de l'École d'Alexandrie, les Pères étaient des initiés qui fixaient leur regard sur cette fin des religions, l'unité.

Oui, les Pères, et principalement ce groupe inspiré de Pères grecs, qui subordonnaient la théologie à la philosophie occulte, suivaient dans la libre voie du raisonnement caractérisant l'ère commençante de l'Église, le même enchaînement d'idées, que suivirent les adeptes de l'antiquité, et que suivent au-

(1) Cette conférence a paru dans l'*Initiation* et l'*Étincelle* ; elle a été faite à Paris au Cercle de la Française et à Nice à la Société théosophique (1910).

jourd'hui de toutes parts, les esprits essayant à remonter aux origines dispersées de l'*unique synthèse*, qui d'échelon en échelon construit les deux piliers fondamentaux, les deux colonnes saintes du Temple de la Religion Universelle, la tradition religieuse orientale et la tradition religieuse occidentale, fondement nécessaire de la Doctrine absolue et symbolique.

Toutes ces raisons font voir que le but de l'évolution spiritualiste actuelle est précisément de faire toucher, de faire sentir, de faire savoir, par quels liens l'humanité se rattache à elle-même dans l'acte d'une conscience éveillée à une croyance affranchie, renouant la chaîne vive des connaissances occultes, qui passent sur la spirale commune des mêmes principes : d'une harmonieuse synthèse admettant, impliquant même les cultes particuliers, se succédant ou s'enroulant autour du fait infiniment certain, de la certitude humaine, du témoignage de la divinité dont l'humanité trouve la vision dans son berceau.

Et ceci n'est pas un fait d'imagination, mais un fait parlant à toute intelligence équilibrée, rattachant sa droiture, à l'impartialité de la preuve irréfutable.

Faut-il le redire sans cesse, ce sont les doctes membres des Facultés, ce sont des hommes occupant de hautes situations dans le monde scientifique, politique, administratif, qui viennent nous attester la réalité des communications avec l'au-delà, des rapports entre le visible et l'invisible, qui, par induction et déduction, par l'analyse de la synthèse posent la main sur le point de jonction des forces subtiles de l'esprit, interpénétrant les forces subtiles de la nature, perçues par la science, heureux qui voit la Lumière ! Comme vous le savez, c'est à partir de l'alliance de la Science et de la Religion, par les sciences occultes, que l'insomnie du matérialisme commence (1).

Si nous voyons clairement que la ture des facultés psychiques est distincte de celle de la nature physique, comment concevoir que l'homme doute des rayons de la Foi en l'au-delà parce qu'il a devant lui les confins de la terre ?

D'ailleurs tous les progrès de l'homme dans le beau, le vrai, le bien, tournent son regard, ramènent son esprit vers la recherche de la certitude qui réside dans la Foi. On peut même aller plus loin et dire que la vie n'est perfectible qu'à la condition de considérer un idéal, sur lequel rayonne la souveraine et grande lumière de la Foi, sortant de l'essence divine et y remontant, comme à son royaume ; ce que la science cherche, la Foi l'a trouvé, oui, plus haut que les effets et plus haut que les causes, la Foi est la clôture à laquelle la Pensée aboutit. Donc, gardons entière la tradition de la théogonie occulte, d'une religion universelle que l'enseignement conventionnel cause même de l'athéisme — les enfants aujour-

(1) Car si même il existe, le cas de fraude ne détruit que la fraude et non la réalité du phénomène circonscrit.

d'hui ne veulent pas des légendes de la Bible —
amoindri et amorti, car sans son action et sans la
relation morale qu'elle exprime, tous les progrès pe
la civilisation seraient comme des pierres sans ci-
ment.

N'en doutez pas, nous sommes unis ensemble par
les liens intimes de la foi, et consultez là-dessus le
grand précepte de la Société tout intérieur des
âmes, l'idée entre toutes auguste et vénérable, c'est
d'ouvrir au travail régénérateur des cerveaux et des
cœurs, les organes des âmes, les convictions immor-
talistes, renversant les frontières de la mort, qui
n'est pas la mort mais la survivance, une phase de
la vie ; c'est de rendre populaire, ce qui avait été le
privilège de quelques initiés, c'est de répandre cette
force des forces, cette science des sciences, la science
du soi divin, la science de l'âme, résultant lumineuse d'une certitude.

Eh bien, pour ne pas m'égarer dans un aussi
vaste sujet, c'est la trace de cette théogonie occulte,
de cette religion universelle que je vais suivre,
parce que c'est à elle seule que dans l'enchevêtre-
ment des causes et des effets on peut toujours se
fier ; ce que je veux vous prouver en la suivant et
vous prouver rigoureusement, c'est, d'abord, *qu'il
faut considérer toutes les religions particulières
comme faisant partie du système de la religion
universelle ;* comme autant de degrés des modifications transitoires de l'évolution des peuples, qui en
somme ont toujours marché vers l'idéal d'une Foi

éclairant les esprits et agrandissant les cœurs ; ensuite que si on ne peut pas toujours faire concorder
le christianisme ésotérique, du sens caché de la doctrine intérieure, avec le christianisme exotérique,
extérieur, officiel, c'est parce que l'un constitue la
réalité de l'enseignement du Christ. « Les paroles
que je vous dis sont esprit et vie » et l'autre son
illusion, c'est parce que l'un s'appelle l'ouvrage de
l'homme, de la violence de la lettre qui s'use elle-
même, alors que l'autre s'appelle l'œuvre de Dieu,
de l'Esprit qui vivifie et qui fait jaillir de la bouche
convulsée de l'humanité comme un hosanna de
paix, la lumière mondiale du « Credo » universel.

.˙.

Les grandes idées évoquent les grands faits, l'an
27 avant notre ère, à l'occasion de la victoire d'Ac-
tium, Rome complétait son triomphe par ce fait mémorable : franchissant le seuil de la tolérance, le
peuple romain dédia le Panthéon, à tous les dieux
incarnant et résumant les innombrables expres-
sions de l'idéal humain, rapproché sous sa protection.

Eh bien, que ce grand geste qui donne la même

âme, qui crée une fraternité de la croyance, faisant passer l'âme antique d'une profonde obscurité à une lumière manifeste, nous instruise de ceci : oui, ayons toujours présent à l'esprit quand nous parlons des paganismes, que les dieux symbolisant les pouvoirs de l'unique divin différenciés par le multiple, ne sont que les administrateurs de la nature.

« Nous adorons sous mille modes divers, nous invoquons sous des noms divers », écrit le rhéteur Maxime de Madaura à un Père de l'Église (saint Augustin) « les vertus de Dieu, répandues dans l'univers. » Réfléchissez encore à cette pensée des hiéroglyphes déchiffrée par l'illustre égyptologue Mariette Bey. « La société des Dieux se totalise en un seul cœur » et vous reconnaîtrez un même esprit, coordonnant le fond des rites les plus opposés ; oui les symboles formulés sur les terrasses superposées des édifices de la Chaldée et de l'Assyrie, sur les hiéroglyphes finement gravés des nécropoles thébaines, sur les colonnades des hauts pylones, des hiéroglyphes, des hypogées d'Égypte, sur les métopes des frontons grecs, parmi les blancs portiques de temple romain, tous ces symboles épars, nettement gravés dans la pierre et dans le marbre, ne sont autre chose — ai-je besoin de vous le faire observer — que des représentations de la substance au moyen de laquelle l'univers est formé, et du pouvoir par lequel il se maintient ; mais ce qui est plus nécessaire de vous faire remarquer, parce que cette observation concentre le sujet même de cette con-

férence, c'est que les anciens savaient que les merveilles de l'univers physique pâlissent devant celles
de l'univers métaphysique, que le monde physique
et le monde moral sont solidaires, et que c'est la
Pensée qui affranchit la terre.

Si nous traitons peut-être d'une façon plus ma-
thématique les lois de la gravitation et de l'attraction, les forces en soi indestructibles et inexpliquées
qui gouvernent le monde, la sagesse antique, les
mystères psycho-cosmiques de l'Orient classique,
malgré que nous ne connaissions que les vestiges
du Pythagorisme et de la Kabbale, comme des secrets révélés par les papyrus magiques, les lois des
données intellectuelles des anciens, enfin, nous apparaissent aussi fermes que celle des lois physiques
des temps modernes, des lois fondamentales de
l'Être, base de la nouvelle sociologie, oui, en effet,
fondée sur les correspondances plus étroites entre
les principes humains ou naturels, et ceux du
cosmos, sur une démonstration plus méthodique
des faits adéquats à la sphère physique, numé-
rique, ou psychique, la tradition antique liait entre
elle, d'un lien plus commun la loi du monde et la
loi de Dieu, la réunion de la partie au tout, le processus allant du macrocosme au microcosme gesta-
tion analogique entre les principes et les nombres,
aux corrélations infinies.

Chose digne d'attention le caractère essentiel de
l'antiquité, qui par la triple voie du Logos, faisait
du Temple le centre de la purification des âmes, était

de ramener toutes les contingences aux principes numériques de l'Occulte, régi par le nombre, image sensible et vivante de l'Être principe, pour s'en convaincre il suffit de se rappeler que le plan des Temples de l'Inde est septenaire.

Pourquoi ?

Parce qu'il symbolise le septenaire des forces naturelles, parce qu'il s'inspire du septenaire du cercle primordial, parce que le Logos manifeste est septuple, et n'oubliez pas que les sept hiérarchies des pouvoirs créateurs correspondent à leur tour à l'échelle septenaire des formes, des sons et des couleurs se pénétrant, se confondant, se répondant dans la sublime et profonde unité, indivisible, éternelle, d'où sort l'Universelle Harmonie, ou seul le Pré-antinomique, l'absolu ne se représente pas.

∴

Certes l'Initié savait ce qu'il faisait lorsqu'il mettait l'adepte mystérieux face à face, avec le mystère suprême de l'épreuve initiatique et ses périls physiques et moraux, qu'il devait braver d'une âme forte, par la science et par la pensée.

Lorsque le visage éclairé d'on ne sait quelle aurore, au moyen des quatre éléments, l'eau, le feu, la terre et l'air, il lui faisait passer leur série ténébreuse, variant selon les grades correspondant aux petits et aux grands mystères et enfantant la conquête des attributs parfaits, universels, absolus de l'existence, des forces divines qui fécondent les espaces infinis et s'enveloppent de mystères comme l'éclair de nuées. Lorsque l'œil fixé sur les symboles accumulés de la connaissance raisonnée et scientifique des choses divines, il apprenait à l'adepte attentif s'élançant vers la vie cosmique, dont la force vitale est une résultante, à polariser ses forces nerveuses par la triple purification, celle de la pensée, celle de la parole, celle de l'action ; à vaincre le Dragon de l'astral dans la haute lutte du Bien, car la limite hostile du mal, c'est la raison pour laquelle le moi supérieur de l'homme, son subconscient reste voilé, jusqu'au temps déterminé où couvrant ses mutilations par son rayonnement, la conscience de l'homme psychique qui doit monter jusqu'au zénith, la conscience de l'homme spirituel, émanation de l'absolu qui doit y remonter, livrant l'assaut au pouvoir divin, substituera à l'action désordonnée des passions, l'action calme et pacifique, l'action libératrice de l'union avec le Divin ; du pouvoir organisateur de la transmutation des forces d'un plan à l'autre, du moi humain dans sa relation au moi divin, de Dieu au monde et du monde à Dieu, car la fin étant à Dieu, elle est à la lumière, par la lumière, qui, triomphante, vaincra.

Vous le voyez nous saluons dans l'Initié des loges égyptiennes des hypogées et de leur Panthéon mystique, des sanctuaires de Belus, des Temples d'Héliopolis et de Persépolis célébrant le plus grand des mystères de l'Occultisme, celui du drame solaire, histoire de la divinité (1) non seulement l'Initié de la Théurgie divine, basée sur une géométrie secrète, résumant les phases successives et multiples de l'univers, mais nous saluons dans cet Initié l'interprète d'un puissant intérêt moral ; d'une discipline empoignant fortement l'occulte qui en connaissait l'ordre mieux que nous, par l'entraînement des principes moraux les plus élevés ; oui, nous saluons dans le mage de Babylone le gymnosophiste des Indes, l'astrologue d'Égypte, un interprète des grands dialogues des univers, répondant à la question de l'esprit et cette réponse qui vient de loin dit : que l'âme est débitrice d'une céleste patrie, qu'elle la paye avec son exil terrestre, que l'âme plongée dans le cercueil solitaire de l'obscurité matérielle, et l'âme nageant dans les radiations de la lumière, sont l'une l'esclave et l'autre l'affranchie de la même nuit et de la même aurore, car nul n'accomplit sa destinée en dehors de la loi de gravitation des âmes, nul n'échappera au châtiment exterminateur du mal, qu'il n'ait payé sa dette jusqu'à la dernière obole, il n'y a pas d'insolvable pour la Justice Suprême ; et

(1) Le soleil, manifestation divine du corps de Dieu, figuré par Amon-Ra.

voilà pourquoi la vertu est nécessaire à la marche
du monde, le but de l'évolution étant de subjuguer
la matière à l'esprit ; à la pensée divine, au grand
souffle, qui passe à perpétuité sur les mondes et
d'où l'on voit sortir dans une sorte d'éblouissement
d'autres clartés, d'autres vérités, d'autres mystères
dans l'ombre profonde de l'abîme des siècles ouvrant
brusquement la porte à l'inconnu, où rouleront peut-
être à jamais les humains dans les vagues de l'infini.

Dédales des nécropoles, montagnes de pierre rigoureusement orientés des pyramides, cavernes aux
profonds détours sculptés dans le Dekan, galeries
aux chaos confus des collines d'Ellora, sanctuaires
brillants à travers les blancs péristyles des colonnes,
c'est vous, sombres souterrains, vous parois des
monuments éclatants, vous Temples superbes répandant vos harmonies sur tout un peuple frémissant, vous qui avez vu passer la vaste connaissance
ardemment cachée du vieux magisme, de la doctrine
secrète, c'est vous qui pourriez nous dire, ce qu'il a
fallu de force à la foi, pour vous enfermer dans les
entrailles de la terre, cité souterraine ; ou vous lancer
dans l'espace, jet sacré des colonnes, ou bien faire
surgir devant les temples aux formes inconnues, la
ligne infinie des allées de Sphinx, gardant la clef du
suprême mystère ; c'est vous qui pourriez nous dire
ce qu'il faudra encore que l'humanité use d'énergie
à apprendre, avant que la destinée de notre race
s'accomplisse et que la synthèse brisée de la Reli-

gion-science renaisse au milieu de la société moderne, plus pénétrante de pensée, plus puissante de formes, plus subtile de savoir, sortant naturellement de projections techniques des forces inconnues, dont nous trouvons l'explication dans la plus haute antiquité, dans l'alphabet sacré image de l'alphabet astral, vérités occultes voilées dans le cœur d'une tradition, qui pour souder ensemble les fragments rompus d'une synthèse unique, à la spirale infinie, doit nourrir sa sève dans les lieux d'unité des choses éternelles, des radieuses essences par lesquelles l'homme atteint l'absolu.

.·.

Mais avant d'aller plus loin, entendons-nous sur le double sens du mot magie : la concentration bienfaisante, le fluide blanc, c'est la magie blanche, la concentration malfaisante, le fluide noir, c'est la magie noire.

Disons-le bien haut, la magie noire c'est l'abus du Bien, c'est la pensée artificielle, opposée à la pensée pure, ayant recours aux forces divines, non pour obtenir d'elle ce qui est utile et favorable aux hommes, mais par l'injonction et la conjonction par la pratique de la même science, aux manifestations contraires, s'exerçant à l'escamotage de ces forces évoluant les grands principes vitaux de la nature ; à la manœuvre des clefs phénoménales du magisme universel pour la satisfaction de celui qui l'emploie et qui au lieu d'apporter les éléments bons de l'astral en apporte les mauvais ; car la magie, le magnétisme universel, dont le pôle terrestre repose sur la grande initiation de la race la plus évoluée, la plus synthétique qui est aujourd'hui la race blanche, ne subjuguant pas les forces bonnes, subjugue les forces mauvaises ; et n'oubliez pas que les grandes lignes forces traversant les mondes, les forces éthériques, sont les forces des forces, radiations qui influencent par leur vibration l'humanité sensitive ; oui, en effet qu'est-ce que l'astral, des atomes restés à l'état fluide, et dont les flux plus perpétuels, positifs ou négatifs, font ou défont, peut-être les mondes dans l'univers impérissable.

Si les tablettes de Ninive, du Musée Britannique, nous font pleinement savoir, que les mages, babyloniens d'origine, s'appliquaient à une caste de peuple mède, celle qui était apte à exercer les cérémonies du culte, celle qui menait une vie austère et dure qui lui valait une autorité sans limite aussi longtemps que dura la suprématie de la race iranienne.

Si les parois des chambres funéraires des pyramides, nous révèlent encore la magie comme une forme de la théurgie divine, c'est-à-dire de la loi des correspondances qui nous révèlent l'invisible, nous savons, depuis que le papyrus nous a rendu quantité de grimoires mystérieux, que le monde gréco-romain a peu connu la classe élevée des Mages. On peut même dire qu'Athènes et Rome n'ont surtout connu que les pratiques de la basse sorcellerie; ainsi la magie égyptienne et les nécromanciens Chaldéens, jouissaient d'une vogue réelle, qui se prolongea pendant la durée de l'empire romain et du bas-empire.

Notez ceci : les mages des degrés inférieurs s'appellent des savants, car être un savant n'était pas assez, il fallait être un esprit pour devenir un Initié, donc, seuls, certains membres de la catégorie des mages et précisément les Initiés du neuvième degré avaient le droit d'étudier et de pratiquer la magie, mais lorsque nous arrivons aux gloires aveugles de Rome, tout est autour de la Doctrine intérieure.

Je me bornerai à rappeler que quand Apollonius de Tyane dans ses entretiens avec les brahmanes évoque les secrets magiques, qui comme les peuples avaient soumis les rois au sacerdoce, la Doctrine secrète dépouillée de ses rameaux, regardait en frissonnant le passé où se mouraient les dernières lueurs de la Révélation première dont la grande voix parlait à la grande voix des univers ; ainsi les oracles n'étaient plus qu'un nom, et qu'un mauvais nom autour duquel se faisaient de mauvaises choses ; oui, malgré le mur gardien du secret exigé de l'Initié, malgré le caractère redoutable de son serment, appuyant les degrés de l'initiation sur la loi de l'univers, silence exigé de l'Initié, la méthode symbolique des âmes fut dévoilée avant les temps pouvant la contenir, car le secret de l'initiation était exigé par l'infériorité des temps dont la maturité ne se décrète pas devant ce qui est éternel.

Voilà ce que nous savons, le culte de la plus cachée, de la plus épurée des religions, celle de l'Absolu actif du Feu éternel entretenu par les Initiés, que vit encore Strabon s'affaiblit par l'influence de l'imposture et devint un écueil, que dis-je une pierre à scandale, contre laquelle s'élevèrent de toute leur force, les adeptes de la philosophie néo-platonicienne, qui, comme Pythagore basaient leur profonde philosophie, sur les abstractions vulgarisées des Initiés ; oui, Plotin, Porphyre, et particulièrement Jamblique, cet adversaire déclaré du christianisme, ne pouvaient assez détester, ne pouvaient assez maudire la magie phénoménale et sa coalisation des ténèbres, contre-partie de la magie blanche et prisme manifeste de ses illusions, car il n'y a de vrai dans la magie noire que ses crimes.

Souvenez-vous de ces paroles de saint Paul :
« Nous ne luttons pas contre la chair et contre le
sang, mais contre la domination, contre les puissances, contre les seigneurs des ténèbres, et contre
la méchanceté des esprits dans la région de l'empy-
rée, et voilà comment s'accomplit l'oracle de Delphes,
à Auguste qui, vieillissant à l'ombre de ses trophées,
interrogea les dieux, dans l'intérêt de sa succession.
« L'enfant hébreu, à qui tous les dieux obéissent,
me chasse d'ici et me renvoie aux enfers. » Et qu'on
ne dise pas, que ce sont là, de ces retours de la
destinée dont on ne saurait rendre raison ; qu'il me
suffise de rappeler que lorsque Julien, ce souverain
devin et sophiste, qui considérait le paganisme de
son temps, comme une corruption de la véritable
théurgie, dont il cherchait les origines dans la plus
obscure antiquité, quand ce fanatique du passé,
voulut rétablir le paganisme, non seulement il échoua
dans son entreprise, mais encore il précipita les
ruines des anciennes croyances. Pourquoi ? Parce
que l'âme de la religion était sortie de ce grand
corps, parce que le mal que le paganisme avait fait,

il fallait que le paganisme l'expie, parce que le génie de la magie noire errant sur les décombres, emplissait de ses nuées, la scène d'une société vieillie, d'un monde finissant, tressaillant sous la main de Dieu, qui se couchait dans son cercueil cerné de corruption car le sol de la certitude morale, se dérobait sous ses pas, oui, c'est l'incertitude sur la nature divine qui a fait l'affaiblissement de la société romaine, comme elle fait la nôtre. Ressouvenez-vous que le monde ne peut accepter l'amoindrissement de la foi sans ouvrir son tombeau et à l'heure où la lampe de la Foi intérieure s'éteignait petit à petit dans la société romaine, l'empire déchiré s'inclinait devant les barbares ; mais Dieu seul est grand, et la Foi révélatrice n'était pas morte, puisque le christianisme fortifiant le monde dans ses malheurs per les douleurs de la croix en sortait l'auréole au front.

∴

Reconnaissons ceci, le christianisme ne pouvait opérer l'étendue de sa révolution qu'en détruisant la cause occulte de la déformation des âmes, c'est ainsi que la jeune Église pénétra et brisa l'initiation devenue satanique.

Mais quelle que soit cette prescription, quelque
forme qu'elle prenne, sous cette élimination la formation de l'Église demeure initiatique, comme les
origines de l'Évangile, puisque les Esséniens, ces
gardiens de la clef constructive de la Kabbale, placés
entre ce grand passé, le mosaïsme et ce grand avenir, le christianisme, étaient des initiés, qui prépa-
rèrent la voie à l'involution du Verbe Principe, de
la Lumière du Monde dressant devant l'humanité
l'échelle formidable de l'infinie ascension : « Soyez
parfait, comme votre Père aux cieux est parfait », et
ne perdez pas de vue que les Clément d'Alexandrie,
les Origène, les saint Augustin, ces hautes indivi-
dualités que leur génie isole, puisèrent l'indépendance de leur pensée, et le caractère universel de
leur enseignement dans la Gnose Alexandrine, qui
sut retrouver dans un effort mémorable tous les
grands niveaux de l'initiation antique, de la tradition
orientale.

Quant à l'Église, appliquant sa puissance de compression à l'esprit, elle n'avait cessé de souffrir que
pour persécuter.

Ainsi les conciles des états généraux du monde
chrétien, par haine du paganisme et aussi comme je
viens de vous l'indiquer sous le coup des dérèglements qui les y contraignirent, confondirent la théogonie avec la théologie, ils diminuèrent la science,
c'était amoindrir la lumière, ils entravèrent la Pensée,
c'était attenter aux droits même de l'esprit, ils im-
primèrent enfin aux sciences cultivées naguère avec

tant de gloire par les Alexandrins, le mouvement rétrograde d'un déclin prématuré, préparant le recul du Moyen Age.

Oui, les Scribes et les Pharisiens de la loi, qui se scandalisaient autrefois à cause des malades que Jésus guérissait le jour du Sabbat, les scribes et les pharisiens de la lettre, trompant le peuple par les astuces de l'hypocrisie, substituèrent partout les fictions aux réalités, prenant pour base l'ignorance et pour sommet le despotisme, ils firent esclave la raison que Dieu avait fait libre, et créèrent ainsi un ordre faux, sur les assises de la violence, mais la violence n'est jamais le fait de l'esprit et tous les penseurs ont senti cette rupture d'équilibre et constatés que la lumière soudaine qui avait changé le monde, se retire petit à petit des actions et de l'activité de l'Église triomphante de l'Église dominatrice.

Remarquez ceci, en effet, le souffle pur des inspirations primitives, n'anime plus le retour des grandeurs accordées à la ville éternelle, c'est ainsi que la gnose, la théogonie occulte, dépositaire de la vérité totale, succomba momentanément sous la fausse science, car c'est la lettre morte qui fait le symbole incompris !

Oui, les enseignements de la Foi sont occultes, parce que leur sens doit être voilé.

Sans nul doute, il y a un christianisme ésotérique, ou bien le christianisme seul, entre toutes les religions de la terre serait dépourvu des clefs indispensables de l'Initiation. J'en atteste toutes les libres intelligences qui m'écoutent, la société navigue irrésistiblement vers ce port-là ; vous le savez, vous le prouverez par votre généreux exemple, le droit de l'âme implique le droit de la raison d'aborder de pénétrer la vérité libératrice, car la terre s'affranchit par la pensée, la chaîne des peuples se brise par la pensée, la tâche de la Pensée est d'imposer l'examen de ses convictions, et voici que cette Pensée sondant les destinées, demande aux Scribes et aux Pharisiens de la lettre quelles sont les causes que l'Eglise renient sous le rayon grandissant de l'Evangile, de l'Esprit !

Est-ce celles qui retranchent l'incapacité fatale de la lettre, ses fautes, ses contre-sens, sa politique de compression, barrant le passage de l'Esprit par le fait humain. Mais le Christ lui-même n'a-t-il pas exprimé la relativité de sa perfection au point de vue de l'absolu — Dieu. « Pourquoi m'appelez-vous bon Dieu seul est bon, » a dit le maître.

Est-ce celles qui développent un fait de logique qu'on n'usera jamais, auquel on se heurtera toujours. Lequel ?

Celui qui affirme que les preuves dogmatiques de l'existence de l'âme de son œuvre qui blessent la raison ne sont pas des preuves. Pourquoi ? Parce qu'elles sont inexactes, ou, en vérité le seul point de vue exact pour juger de l'évolution d'un être immortel et de ses destinées, c'est le point de vue de l'éternité impliquant l'accomplissement des étapes, des divers cercles, de l'enchaînement des vies successives « assurant », comme dit Plotin X (1), à chacun le sort qui lui convient, qui est harmonique avec ses antécédents, selon ses existences successives..

Ne l'oubliez pas, l'Evangile enseigne que l'âme progresse dans ce monde, et dans plusieurs mondes : « Il y a plusieurs maisons dans la demeure de mon Père » disait celui qui vivait dans les secrets de l'amour divin, que nous ne connaissons point. « Souvenez-vous de cette apostrophe énergique lancée par le Christ, dévoilant aux Pharisiens la doctrine secrète de la préexistence de l'âme : « En vérité, en vérité je vous le dis, avant qu'Abraham fût, j'étais ».

(1) Livre IX de l'Ennéade.

Cette déclaration mit les Juifs dans une telle fureur, qu'ils voulurent lapider Jésus.

En vérité on est obligé de s'étonner de l'aveuglement des Juifs à nier la préexistence de l'Esprit, à la vie involuée dans la chair, rappelez-vous en effet que le langage figuratif de la Bible symbolise déjà en maints endroits cet enseignement, ainsi la mère de Jérémie déclare, que la Parole de l'Eternel lui fut adressée disant : « Avant que je te formasse dans le sein de ta mère je t'ai connu et sanctifié ». Mais que dire des chrétiens, ignorant ce qui leur a été expliqué et démontré dans l'Evangile ; ignorant ce qu'ils ont sous les yeux depuis des siècles, des chrétiens qui sourient de pitié, au seul nom impérissable de la Doctrine intérieure, des chrétiens enfin qui ne savent pas que le domaine de l'Evangile, c'est l'Initiation :

Ai-je besoin de vous rappeler les similitudes par lesquelles le Sauveur annonçait la paroles aux foules, aux peuples, mais lorsqu'il était en particulier, il expliquait tout à ses disciples et encore lorsque les douze l'interrogeaient sur le sens caché de ces similitudes, il leur répondit « qu'il vous a été donné de connaître le mystère du royaume de Dieu, mais pour ceux qui sont dehors tout se traite par paraboles ».

Chacun sait combien curieusement Nicodème, un théologien instruit parmi les principaux redoutant d'être dénoncé par toutes les superstitions et tous les fanatismes Juifs, arrive la nuit auprès du Maître,

alors à Jérusalem ; chacun sait de quelle manière le
Christ tient cette âme palpitante, qui cherche à con-
cilier les commandements de Dieu et ceux des
hommes, sous ces grandes et pénétrantes paroles :

« Si un homme ne naît d'eau et d'esprit, il ne
peut entrer dans le royaume de Dieu », eh bien si
chacun savait que la matière infiniment transfor-
mable, se symbolisait dans l'ésotérisme antique par
l'eau comme l'unité indissoluble de l'Esprit signi-
fiait le feu, alors sans conteste, chacun apercevrait
devant soi, hors de la lettre, le fait éternel et intérieur de l'Evangile de l'Esprit, du Christianisme
ésotérique qui est comme un second Christianisme,
qu'on peut dire, est encore sous terre, tant il y a des
ténèbres au-dessus de lui.

Enfin, remontez, vers les premiers âges de l'E-
glise, vous verrez toujours l'Initiation, comme le
fondement de la Parole révélée. Ainsi faisant œuvre
d'Initiateur saint Paul recommande avec persis-
tance à Timothée, après que le collège des anciens lui a imposé les mains (Timothée, XII, 14)
de songer aux dons que lui a conféré l'Initiation,
et dans sa première aux Corinthiens, le même
apôtre écrit : « Vous êtes le Temple de Dieu et son
Esprit habite en vous. Qu'ainsi l'on nous tienne
pour des ministres du Christ et des dispensateurs
des mystères de Dieu. »

Considérez encore que les fidèles de l'Eglise primitive se soumettaient aux plus dures épreuves
et donnaient leur sang pour revêtir le Christ;

qu'incarnant en eux les douleurs du Sauveur du
monde, par un crucifiement mystérieux, ils pouvaient dire comme l'apôtre : « J'ai été crucifié avec
le Christ et c'est lui qui vit en moi » et vous comprendrez que le livre scellé des sept sceaux ne
s'ouvre qu'à l'esprit pur qui entrevoit le secret des
choses, oui comme écrit Innocent Iᵉʳ à l'évêque
Décence : « Le christianisme a des choses d'une
grande force et d'un grand poids, qui reposent dans
leur sanctuaire et ne sont ni écrites, ni ne peuvent
être jamais écrites. »

.·.

Je dis en terminant, et ceci résume tout, le christianisme se fonde, non, sur l'autorité du dogme
mais sur la claire vision de deux faits médiumni-
miques, la résurrection du Christ, du principe Verbe
franchissant la porte de la mort, et la descente de
l'Esprit, revêtant les apôtres de la force divine de leur
apostolat ; d'ailleurs le Christianisme n'existerait pas
sans médiumnité, puisque l'Esprit est vraiment le
Dieu caché qui demeure en nous.

Il y a là une vérité qui fait taire toutes les allé-
gations, oui, ce n'est qu'après la résurrection, alors

qu'en son corps spirituel, il se montre à ses disciples, que le Maître leur dévoile le rayonnement du suprême mystère, qui couve, éclate et s'épanouit dans l'éclosion magnifique des vérités spirituelles du règne de l'Esprit qui viendra et renouvellera la face de la terre.

Est-ce que chacun n'est pas dans l'attente de ce renouvellement. Est-ce que chacun ne voit pas que désormais le but de l'évolution religieuse est là, dans ce travail de reconstruction de la Doctrine intérieure, adaptant la vérité aux lois unissant ce que la vie a de plus puissant, la force d'évolution accélérant son mouvement par tous les éléments nouveaux de vérités qui y sont continuellement ajoutés, pour préparer l'heure où tous les peuples éclairés par le soleil de la même conscience, consommeront dans l'unité de la foi, l'unité de l'Esprit humain en Dieu :

Déjà la foudre intérieure d'une foi nouvelle jaillit et serpente de l'arbre chancelant des anciennes croyances, mais où sont les soldats de Dieu, où sont ceux qui pensent, où sont ceux qui aiment, ceux qui enseignent, par leur exemple, que tout progrès de douleur sur soi doit être un acte de charité pour les autres ; où sont ceux qui, debout à l'horizon, dominent le monde égoïste, l'état inférieur de l'être qui porte avec lui son enfer ; où sont enfin, ceux qui ouvrent leurs bras à la patrie céleste pour servir l'humanité, c'est-à-dire pour la dominer par les mystères de l'immolation dont les cieux tressaillent en silence,

oui, où sont les apôtres, où sont les fervents in-
vincibles, les martyrs inconnus dont le rayonnement survit, qui prodiguèrent leur foi aux aurores
évanouies ?

Qui, des hauteurs du jour éternel, retombera avec
la pauvre humanité dans les régions du temps et de
l'ombre, pour lui montrer la beauté du sacrifice :
s'appuyant sur la loi morale seule réformant ce qui
a besoin d'être réformé ?

Est-ce que vous ne voyez pas que sous les vagues
débordées de ses vices, sous le bouleversement des
flots, la société est comme un radeau qui sombre,
et qu'on entend craquer à chaque mouvement ! Quel
est le pilote, qui tranquille dans la formidable vision
de sa puissance, jetant un regard de défi à l'écueil
des convoitises brutales, à l'âpre entassement des
appétits se ruant dessus, apaisera les vents, calmera
les flots et emportera le radeau à travers les
obstacles vers le Port de l'Humanité-Une qui doit
prendre le monde, mais attend son triomphe de
notre propre perfectibilité vivante, l'unité de la loi
de Dieu, dans l'écroulement du mal et la construction du Bien.

Messieurs, Mesdames, au fond des profondeurs du fourmillement des merveilles aboutissant à Saint-Marc de Venise, derrière le grand Autel, qui luit d'un si pur métal, se dessine une figure gigantesque et inoubliable, un géant Christ qui voit tout l'horizon, et dont les yeux éclairant le chemin du lointain idéal lancent une flamme, portant la vérité et nourrissant les âmes.

« Comme Jupiter Olympien », dit Théophile Gautier, « ce Christ s'il se levait emporterait la voûte de son temple. » Eh bien, ce Christ, l'être le plus élevé de la hiérarchie spirituelle, ce Christ, frère de l'homme et témoin de Dieu, le Christ ésotérique, le Christ de la connaissance totale sur tous les plans, le Christ de l'avènement qui ne laisse à craindre à l'Eglise, que ses propres fautes, ce Christ se meut et tout s'ébranle tous change d'aspect dans le Temple qui tressaille parce qu'il sent le haut Dieu vouloir ; dans le Temple qui ne peut contenir toute l'immense lumière, car la partie n'embrasse pas, ne domine pas le tout, ici le monde et là le Verbe : c'est l'équilibre.

J'en pourrais dire davantage, mais pour vous

faire entendre les pas du Seigneur s'approchant
jusqu'au bord des cieux, avec le bruit des armées
célestes, des flammes et des voix se hâtant, je ne
voudrais pas d'autres témoignages que la parole de
Celui qui ayant fait le monde chrétien saura le conserver ; de Celui qui a offert aux foules pour les
éclairer et les élever à la fois, alors que les chemins
couverts de l'Initiation n'étaient que le privilège du
petit nombre, la lumière rédemptrice du « sermon
sur la montagne » nourriture et substance de
l'Eglise universelle. Et ramassant dans ce spectacle
l'histoire des traditions concordantes passant les
unes dans les autres et se pénétrant soudainement
dans leur magnifique unité, témoignage de la victoire cachée, mais finale de Dieu sur les passions
humaines, je conclus par où j'ai commencé :
l'œuvre pour laquelle le Christ a été mis en croix
c'est celle de l'ascension sans fin de la vie de l'Esprit s'ouvrant à tous les devenir aussi insondables
que cette vie même.

C'est celle des conquêtes sans termes de l'Esprit
développant ses variétés innombrables, se nourrissant d'une sève qui jamais ne s'épuise.

C'est celle de la dilatation sans limite, de cette vie
de l'Esprit qui dégagée des entraves terrestres, va
de pensée en pensée, et perdu dans les merveilles
de la puissance, de la sagesse et de l'amour s'élance
enfin en plein vol vers l'unique révélation.

Et le mortel qui attentivement s'est penché sur
cette révélation se relève avec la clarté de la cer-

titude dans le cœur, avec la vision de l'infini dans
les yeux, se relève croyant, il a entendu parler le
Maître.

« Vous êtes héritiers du souffle de mon Père.
Détruisez mes autels je les fonde plus beaux ».
Pour le libre entretien du ciel et de la terre.
J'ai levé les deux bras à Dieu sur le Calvaire.
Le Christ victorieux bénit les temps nouveaux.

DU CARACTÈRE FONDAMENTAL

DU

FÉMINISME SPIRITUALISTE

DU CARACTÈRE FONDAMENTAL DU FÉMINISME SPIRITUALISTE (1)

(Conférence faite le 16 février 1910 à la Société d'Etudes Psychiques de Nice).

Si quelqu'un s'étonnait de voir le psychisme et le féminisme vivre d'une vie commune, le féminisme évolué être pour ainsi dire la réplique des pouvoirs spéciaux de la conscience, constituant le Psychisme, je lui montrerais l'antiquité où le collège des prêtresses était marqué par le plus éclatant témoignage de la vénération publique, parce que l'antiquité *savait* que la valeur intrinsèque des facultés psychiques de la femme est énorme, et que les armes de la haute mentalité sont la voyance intérieure et l'intuition souveraine.

Je lui ferais voir, je lui prouverais enfin, que

<hr />

(1) Cette conférence a paru dans l'*Etincelle* dans la *Revue générale des Sciences Occultes*. Dans les *Horizons Nouveaux* et en brochure de propagande de l'œuvre F. S.

cette unité vraiment organique : *psychisme et féminisme, n'est pas le fruit de circonstances passa-
gères ;* c'est la conquête sérieuse et durable des vérités fondamentales, se cristallisant autour des points
principaux qui soutiennent *naturellement* dans la
lutte des sexes, le rôle victorieux de la femme.

Quel rôle victorieux ?

L'autorité de la femme dans l'ensemble des faits
religieux, se liant comme je viens de vous le dire,
aux faits psychologiques, dont le rayon puissant va
prendre sous peu, une importance capitale et direc-
trice dans les destinées, s'avançant vers la Rédemption de l'Humanité par le Féminin Spirituel, par la
Femme consciente, délivrée des vibrations mauvaises et dilatant ses facultés vers le Ciel.

Oui, sans nul doute, le pouvoir psychique est une
propriété essentiellement féminine ; pourquoi ? Parce
que le surorganisme de la femme est supérieur à celui de l'homme, ses perceptions plus affinées, sa
pensée transcendante plus subtile ; parce qu'en un
mot la force de sa vitalité intérieure, entre avec
plus d'énergie dans le domaine des vibrations de
l'éther, et réalise plus rapidement sa matière éthérée, *s'adaptant aux règnes ascendants de la nature.*

Oui, en vérité, il y a entre le féminisme et le
psychisme sanction de concordance, c'est pour cette
raison bien simple, que le vrai féminisme est celui
qui organisera les belles facultés psychiques de la
femme, et non celui qui les comprimera.

Il faut donc entendre par féminisme spiritualiste

ou psychique, la manifestation de la pensée féminine entière, saisissant la réalité immédiate de son
existence intérieure, *de la vie de l'esprit du féminin à sa source divine, et devant cette délivrance,
les vérités spirituelles, affirmant cette autre délivrance, les vérités sociales.*

La *nouveauté* de ce féminisme est dans sa *méthode* se basant sur le critérium de certitude que
voici : chaque sexe puise dans son psychisme ce
qu'il porte en lui, la question de la femme est dans
la femme ; il résulte de là que l'émancipation de la
femme ne se fera pas par l'usurpation des droits de
l'homme, et que tout féminisme est faux qui veut la
parité des sexes et non leur équivalence ; voilà pourquoi le sectarisme se méprend, en se mettant à la
suite des rancunes de partis, du féminisme irra-
tionnel, qui se dresse aujourd'hui devant la société,
les mains pleines de menaces, envenimant tous les
événements selon les uns, réalisant toutes les promesses selon les autres.

Quoi qu'il en soit, le vrai féminisme ne vient pas
détruire la société, ni la famille, non, il ne vient détruire ni l'un ni l'autre, mais les *accomplir*, en les
rapprochant, dans la conscience humaine délivrée
de ses oppresseurs, dans la conscience humaine
éclairée à ce *rétablissement d'équilibre, l'élaboration d'une humanité meilleure* par le souffle, par le
fluide spécial animant les âmes et jetant sur les plus
épaisses ténèbres des masses les harmonies de ses
radiations.

Eh bien, ceux qui veulent cette humanité meilleure doivent s'en rendre compte, l'homme ne pourra s'élever, passer à l'idéal d'une meilleure société, que par la femme psychique dont le dégagement graduel enfantera véritablement l'homme complet et conscient de la vie ; oui, en vérité, les aspirations de l'humanité supérieure ne pourront se réaliser, ne deviendront palpable, qu'en revivant à la source du Féminin Psychique, du Féminin Spirituel entré en pleine possession de ses droits mystiques, du Féminin Spirituel qui, en un mot, concentre la vision intérieure de cette transfiguration de l'être dans le divin, et le reflète dans les innombrables miroirs de la Pensée Souveraine.

Je ne me lasserai jamais de le dire, ce qui manque au féminisme pour cette tâche, ce ne sont pas les talents, ce ne sont pas les aptitudes, c'est l'impulsion d'unité d'un idéal commun, c'est l'encouragement d'enthousiasme des vibrations puissantes, des vibrations psychiques qui portent à leur sommet l'affranchissement d'un monde, s'appuyent sur la corrélation intime des idées, des faits et des actes, ayant sur eux les flots de lumière de la Patrie Spirituelle.

C'est pour mieux servir *la vraie unité féminine*, qu'au lieu de diviser le féminisme en groupes, j'ai tâché de *ramasser une tradition*, de la dégager, de l'appliquer, c'est-à-dire de la reconstituer et de la recréer au triple sens cosmogonique, historique et psychique, selon une disposition de matière nouvelle, dans une conférence où je veux vous faire embrasser d'une seule vue de l'esprit, un vaste ensemble de rapports, qui lie, à de grandes distances, le présent du Féminin Spirituel et Psychique, à son passé historique et social.

..

« L'antiquité dit Léon Denis, a cette supériorité sur
« nous, de connaître et de cultiver l'âme féminine,
« ses facultés s'épanouissaient librement dans les
« temps védiques à l'autel domestique ; mêlée inti-
« mement en Egypte, en Grèce, en Gaule, aux céré-
« monies du culte, partout la femme était l'objet
« d'une initiation, d'un enseignement spécial, qui en
« faisait un être presque divin, la fée protectrice, la
« génie du foyer, la gardienne des sources de la
» vie. »

Que ce fait éveille et fixe votre attention ; oui, toutes les forces vives du féminin se serraient autour du sacerdoce, qui attachait aux radiations plastiques de l'Eternel féminin, les profondeurs spirituelles portant en elles, la présence réelle de la nature, de son épanouissement en Dieu.

Notez ceci : la révélation des Aryens primitifs,

dont l'initiation est directe, en la Synarchie céleste des esprits, apporte l'égalité de l'homme et de la femme, unis devant l'autel, devant l'astre immense, Dieu.

Inclinons-nous devant cette heure radieuse du commencement de l'humanité, devant ce rayonnement, *dès ici-bas complet parce qu'équivalent*, de deux âmes dans le même idéal de vie, de deux âmes appuyées l'une sur l'autre et opposant au pouvoir nocturne, énorme des ténèbres, quoi ? un rayon de l'au-delà, le culte de l'Agni védique, du Feu sacré, du Feu principe, sublime éblouissement de la grande lueur qui traverse la vie et la rend bonne par le baptême de la purification.

Plus tard, dans l'antiquité, le sacerdoce est autant à l'homme qu'à la femme, souvent la femme d'un prêtre lui est associée dans ses fonctions, tel était à Athènes, le cas de la femme de l'archonte roi.

On peut aller plus loin et dire que le sacerdoce inoculait à la femme des droits non seulement égaux à l'homme, mais encore supérieurs, certains sacerdoces étaient exclusivement réservés à la femme, par exemple, dans plusieurs religions d'origine orientale, les femmes jouaient un rôle prépondérant, en outre, elles avaient le monopole du culte, aux mystères de la Bonne Déesse où la présence de l'homme même était interdite.

Oui, les femmes n'avaient qu'une force, le droit religieux et rien de plus redoutable pour l'homme, que d'y résister ; ainsi aux fêtes de Thesmophories, où les femmes avaient le pas sur les hommes, l'entrée du Thesmophorion était défendue aux hommes et l'infraction de cette loi était punie de mort.

Maintenant lorsqu'on examine, lorsqu'on réfléchit sur les causes qui amènent le rôle important de la femme dans le sacerdoce des Grecs et des Romains, on les reconnaît dans la profonde vision psychique, qui s'échappe des sanctuaires, et salue dans l'infini l'Esprit du Féminin.

Remarquez ceci en effet, un des caractères de la science cachée, ce sont les déités féminines, symbolisant les éternelles idées d'ordre et de justice, le Credo qui pacifie le monde, et fait les peuples prospères.

La suite de ces noms est l'histoire même de la religion antique.

C'est Pallas-Athénée, initiatrice et dispensatrice des Arts, Cérès-Déméter, fondatrice de l'Agriculture, Imouta qui fait la dotation de la médecine aux hommes, Nomor, personnifiant la Loi Salus, déesse du bonheur, toutes ces divinités féminines semblent résumer la totalité des efforts de l'esprit humain, vers *plus de Lumière, vers le Beau et le Bien*, qui atteignent Dieu.

Mais revenons aux fonctions religieuses de la femme, ces fonctions, la femme les a superbement remplies. Dès l'époque héroïque, les reflets d'on ne sait quelle flamme éclaire le nom des prêtresses, par exemple, Iphigénie, transportée en Tauride, pour y devenir prêtresse d'Arthémise.

Mais c'est la prophétesse qui monte à l'assaut de l'esprit ; ainsi c'est la jeune pythonisse Théocléa, qui prophétisait à Delphes, au collège des prêtresses, alors que Pythagore cherchant la clef de la grande synthèse, vient y séjourner et visiter le temple d'Apollon.

Prêtresses d'Héra à Argos, prêtresses d'Aphrodite à Corinthe, prêtresses d'Athénas à Athènes, toutes ces sybilles, toutes antiques pythonisses enfin, comme la pauvre Cassandre inécoutée, recevaient du ciel le don de prophétie ; vivaient sous l'ombre tutélaire des dieux ; près du trépied prophétique, auquel elles étaient liées par leurs vœux, choses rayonnantes et mystérieuses, où bouillonnait la lave de l'inspiration ; dans les enceintes sublimes, du fond desquelles parlaient les initiations profondes, se répandaient les grandes impulsions, les grandes indications de l'au-delà, vers cette réalité éternelle et suprême du Divin, qui fait la solidarité des âmes dans l'inconnu.

Ah oui, l'antiquité vénérait, sanctifiait, glorifiait la femme vue de son côté transcendantal. Les ves-tales, par exemple, êtres faibles en apparence, en réalité, ayant toutes les forces du droit romain, car le ministère des vestales, qui ne devait pas s'exercer pendant moins de trente ans, correspondait à des droits civils et à des honneurs, faisant des prêtresses de Vesta une caste de privilégiées.

Ainsi les faisceaux s'inclinaient devant les vestales, et, choses dignes d'attention, elles avaient le droit d'affirmer la miséricorde, devant la justice et de gracier les condamnés à mort qu'elles rencontraient sur leur chemin. D'ailleurs dans tous les systèmes religieux et philosophiques qui se succèdent les emplois cultuels sont la mystérieuse couronne du Féminin.

Mais l'expansion du droit religieux de la femme ne s'arrêtait pas au monde gréco-latin, vous connaissez tous plus ou moins cette médiation de la femme dans le culte druitique.

.·.

Le jeune et rayonnant groupes des vierges gauloises, qui étoilent de leur fin vêtement de lin blanc, les clartés crépusculaires des austères forêts, et qui passent cueillant avec leur serpe d'or le gui vénéré, c'est dans la résistance désespérée de l'indépendance, c'est dans la dispersion d'un peuple aboli, couvert par le nuage démesuré des légions, le profond et mystérieux appel qui sonne la diane des peuples indépendants, fait lever les tribus gue, `ères, les empourpre d'enthousiasme, c'est enfin l'âme inépuisable de l'Eternel Féminin, soulevant l'esprit de la Gaule, et *préparant la révélation des futures nationalités.*

Et quand sous le noir feuillage des grandes forêts, les prêtesses de Teutatès, qui jouissaient d'un pouvoir illimité, qui unissaient et ralliaient les assemblées des plus vénérables sémnothèses cessèrent d'unir leurs mains, autour du gui sacré, et de rendre des oracles, c'est sous la grande secousse que de la conquête romaine, le vent de découragement qui souffle sur le rayonnement occulte du droit méconnu, c'est le flambeau *intérieur* d'un peuple qui *s'éteint* et dont disparaît la dernière lueur.

Mais l'idéal celtique est une idée qui survit dans la race et toute sa gloire lui reviendra au jour marqué par la Destinée, au jour de victoires spirituelles, s'incarnant dans la femme future.

Oui j'appelle sur ce point votre attention, car vous rendez-vous bien compte, que ce fait est non pas de surface, qu'il se rattache à l'histoire rétrospective de la France et se ramifie à tout son avenir ? Oui, en France, la liberté féminine a le double bonheur d'être lumière comme partout ailleurs, et logique comme tradition historique, comme réveil du génie druidique des Triades, qui a produit la liberté celte, en laquelle passe la voix même de l'ancienne Gaule, s'élevant dans toute la majesté de sa gloire et de son deuil, pour faire pénétrer la sève même de la mission transcendantale de la femme dans l'idée de la renaissance religieuse, dont Dieu compose l'esprit de ce siècle.

.·.

Je viens de vous montrer à quel point *la Religion et la Femme* étaient *liées* dans le culte païen ; je reprends et j'achève cette esquisse, en vous montrant quelle était la situation de la femme dans la tradition des Juifs et dans le culte chrétien.

Déjà dans l'Ancien Testament, souvenir d'enfance de l'humanité, qu'éclaire une lumière mystérieuse, Sara, Rebecca, Rachel, attendent et annoncent le jour, où on voit, dans les clartés spirituelles, la vision de la vierge apparaître et se *révéler principe.*

Et puis, et c'est toujours là qu'il en faut revenir quand on parle de la femme, sa médiation sort de sa faculté d'aimer.

Ainsi Jacob deviendra Israël parce que sa mère l'aimait. Rappelez-vous la pitié de la fille de Pharaon, sauvant Moïse, et avec lui un peuple plein de gémissements et de clameurs ; quand la sœur de Moïse meurt, l'eau manque, ici l'eau, c'est le secours, c'est la grâce, qui remet toute chose dans le moule de Dieu.

Judith est une image de la Justice, Esther de la miséricorde, l'une et l'autre sont des frémissants

échos de la conscience humaine, des symboles imposant l'idéal de l'Esprit du Féminin.

.·.

Et maintenant examinons les temps primitifs de
l'Eglise, voyons comment dans l'ensemble des faits
providentiels éclate la *solidarité de la Femme et de
l'Evangile*, donnant une base fixe aux influences
spirituelles produites sous le vocable de la Vierge ;
Marie, principe de vie et de maternité infinie et
transcendants qui enferme dans des traditions peut-
être plus étroites, son analogie avec l'image de la
Vierge éternelle, avec le rôle du Principe féminin
universel des antiques croyances incarnant dans la
femme l'autorité de Dieu sans le concours de
l'homme.

Oui, en effet, quelle est cette figure angélique et
sacrée qui sanctifie la femme à chaque âge de la
vie, jeune fille, épouse, mère, par le rayonnement
de sa beauté intérieure dont sa beauté extérieure
n'est que la révélation ?

C'est Marie, essence du Féminin spirituel, qui
livrée à elle-même dans l'esprit saint, par le miracle
du verbe direct, engendré à la vie charnelle, fait ce

geste triomphant, elle ouvre l'arche du nouveau testament et s'offre à la médiation du monde.

Rendons justice au culte de la Vierge, il est la force qui unit les choses contraires, c'est de ce culte que viennent toutes les palpitations généreuses de l'humanité ; c'est grâce au culte de la vierge que les mœurs s'adoucissent, le niveau de la moralité s'élève, la domination d'un idéal se fortifie, toutes les justices sont en route vers un monde, où rayonne le Christ apportant aux humains la vérité de sa morale.

Et la pécheresse calomniée, huée, lapidée, ajoute à la grandeur du Christ une cîme blanche, qui a toujours marqué le plus haut sommet de la Justice.

Lequel ? Celui qui rectifie la justice d'en bas, texte rigide et matériel, souillé de boue, taché de sang, qui règle la vie *extérieure*, par la Justice d'en haut, pénétrant la pensée de sa puissance, subtile, expansive, radiante, *qui gouverne la vie intérieure* et arrache son baillon à la conscience humaine.

Et l'Evangile a des femmes inoubliables, c'est la Samaritaine, auprès du puits de Jacob, à laquelle Jésus. jetant les yeux sur l'horizon, révèle sa qualité de Messie, et la femme ignorante, comprend que la mise en lumière de tous ses dérèglements, de toute sa nuit, est autant de causes d'enrichissement de son être moral, et par la seule augmentation de sa foi, sa volonté s'unit dans *l'effort divin au repentir qui amène au bien et soulève la vertu.*

Et quand est venu le temps d'épreuves, quand frémissant de joie les hommes de despotisme osaient mettre à mort l'homme frère de l'homme, l'aîné des fils de l'unique suprême, quand Pierre renie le maître et que les disciples désespérés se découragent, et que tout ce qui vole dans la nuit à l'aile de l'oiseau de proie, la divine pitié se réalise dans l'Évangile, par Véronique, la pieuse femme de Jérusalem, qui essuya le front de Jésus, alors que, couvert de sueur et de sang, il montait aux affres du Calvaire.

Qu'est-ce que les femmes qui se tiennent auprès de la croix pendant l'agonie de Jésus ? Ce sont celles qui serviront les desseins de l'immuable sagesse, car, ne vous y trompez pas, la mission de la femme dans l'Evangile est toute dans la beauté de son développement régulier comme médiatrice.

C'est Madeleine, qui le matin du jour de la résurrection se rendit avec des parfums au tombeau du Sauveur, c'est à elle encore que le Christ apparaît, c'est à elle enfin qu'il commande d'aller vers ses disciples pour annoncer sa résurrection.

Ceci est plus qu'un fait historique, c'est un fait initiatique, où l'âme de la femme, de cette femme bonne pour l'esclavage, se révèle de première qualité, donne l'exemple à l'âme de l'homme, et prend mesure sur la grandeur de sa mission, *qui est toute une ère nouvelle.*

∴

Ici très brièvement, mais très nettement, expliquons-nous sur ce fait incontestable ; les droits de la femme dans la primitive Eglise.

Ainsi Pline le Jeune, dans sa lettre à Trajan, déclare avoir soumis à la torture, des chrétiennes qu'il appelle des auxiliaires, ou des coadjutrices, du ministère religieux.

J'ajouterai que l'office et l'organisation des diaconnesses se trouvent dans les « Constitutions apostoliques » (VIII, 28) et là-dessus on peut évoquer maints passages du livre des Actes et des Epîtres de saint Paul mentionnant les noms de plusieurs veuves qui secondaient par leur zèle le progrès de la foi.

Cependant l'Eglise d'Occident se montra moins favorable aux diaconesses que l'Eglise d'Orient, et bientôt même les conciles d'Orange et d'Espaune les supprimèrent.

Comme vous le savez, l'Eglise dominée par l'Esprit de la tradition biblique méconnut le supraorganisme des âmes, et il faut ajouter que les forces obscures du pouvoir clérical éliminèrent particulièrement les belles facultés psychiques de la

femme, lui ôtèrent la parole, et par là *entravèrent*
l'évolution psychologique de l'humanité.

Voilà, selon moi, dans quel sens le Féminin spi-
rituel et psychique, doit influer sur l'esprit con-
temporain ; voilà, dans quel sens, je souhaiterais
une entente féminine qui repousse l'esprit clérical,
et adopte l'esprit religieux, donnant au mouve-
ment féministe l'inébranlable point d'appui de sa
tradition composée des faits préparant les règnes
ascendants de l'Esprit.

Lisez l'histoire, c'est la femme qui poussa la porte
du paganisme pour qu'il devienne chrétienté.

Ce n'est pas ici le lieu de détailler tous les actes
de foi de la femme, de ce prodigieux éblouissement
d'enthousiasme et de lumière, qui, presque sans
préparation, sans transition, en un seul coup de feu,
ne laissera au vieux monde que le temps de sonner
l'heure de sa chute. Certes, admirons la manière
dont la providence s'y prend pour montrer les
beautés de la Foi.

Qu'il me suffise de rapppeler que le Cénacle de
l'Aventin, était composé de l'élite des patriciennes ;
oui, ce sont les descendantes des Cornélie, des Sci-
pion, des Flavie, alliant les sentiments les plus élevés à la puissance de l'ancienne Rome, qui éta-
blissent les rapports du christianisme avec le
patriarcat romain ; et il n'y a rien de plus grand que
ce secours admirable de la femme à l'œuvre de
l'esprit du Féminin Spirituel, montrant au monde
des ténèbres barbares envahissant l'empire romain,

la lumière vivifiante d'un monde nouveau à conquérir.

Voyez, là-haut la Croix, ayant pour appui la main d'une femme ! C'est Hélène accomplissant non sans labeur, la conversion de Constantin et n'oubliez pas, que l'œuvre elle-même d'Hélène est préparée par l'influence de l'impératrice Severa Augusta, femme de Dioclétien, et de Valéria sa fille dévouée sans réserve au service de Dieu.

Voyez encore la puissance de prosélytisme de saint Chrysostome, qui s'appuie si énergiquement sur l'illustre veuve Olympias, comme celle de saint Jérôme sur Marcelle à laquelle partant pour la terre sainte, il laisse l'arbitrage pour les difficultés bibliques.

Le Féminin spirituel et psychique, c'est le nom de saint Scolastic indissolublement lié au nom de saint Benoît, comme plus tard celui de sainte Jeanne de Chantal à celui de saint François. C'est à côté des saintes Paule de Eristochium dévouées collaboratrice de cette œuvre aride de la traduction de la *Bible en Latin*, il faut citer Mélanie convertissant Volusius, qui avait résisté même à l'éloquence irrésistible de saint Augustin et de sainte Monique, dont l'évêque d'Hippone se déclare le disciple.

Admirons la manière dont la providence s'y prend, pour montrer les beautés de la foi.

Quoi de plus saisissant par exemple que l'œuvre extraordinaire de sainte Catherine d'Alexandrie, qui versée dans toutes les sciences profanes et sacrées,

alla à 18 ans trouver César Maximin, un des plus redoutables despotes romains, gouvernant l'Egypte,
et en sa présence confondant une assemblée de philo-
sophes, les convertissant et soutenant leur courage
par ses exhortations, quand César Maximin, plein
d'une cruauté raffinée, ordonna d'appliquer à
sainte Catherine le supplice de la roue armée de
pointes ?

Rappelez-vous sainte Geneviève, faisant lever haut
la bannière du Christ, dans la vénération du peuple
qu'elle apaise.

De sainte Claire, dont la vertu est une poésie, et
qui par ses prières éloigne les sarrasins.

De sainte Clotide, qui du fond de son monastère
de Tours, pousse irrésistiblement la France vers
les hauteurs de la foi ; de sainte Olga, de sainte
Hedwige menant la terre slave vers les clartés grandissantes de la religion du Christ.

Eh bien ! dans les faits que je viens de citer, dans
les rapprochements que je viens de faire, ai-je exa-
géré en prononçant ces mots « la puissance médiatrice de la femme » ?

N'est-ce pas là, la signification de cet acte de
Christophe Colomb, qui, pendant sa première navi-
gation, faisait chanter sur ses trois-mâts l'hymne à
la Vierge ?

N'est-ce pas le cœur de Béatrix qui élève Dante à
ses conceptions sublimes ?

Je me bornerai à ce fait décisif : la médiumnité
féminine de Jeanne d'Arc, qui poussée, illuminée

par le monde de lumière qui est dans son âme, plane au-dessus de la France, avec des ailes visibles d'une envoyée de Dieu.

Oui en vérité, Jeanne, le salut de la patrie, inspirée par Dieu et par les anges, fut le *Féminin Spirituel, dans son esprit vivant* ; elle fut un des plus hauts, de tous les enseignements de l'Esprit du Féminin, une des plus belles perles de la médiumnité féminine, débutant par un miracle et se terminent par l'éblouissement même de sa victoire, à travers les sept cercles d'enfer de même l'inquisition cléricale, car vous savez que toutes les formes du martyrologe de Jeanne, la prison, le garrot, le bûcher, sont la rançon de son extase céleste, de sa formidable et sainte mission qui « sauva d'une mort certaine toute la France », comme dit saint Yves, mais qui, c'est un fait établi, entravait, bouleversait la politique du clergé bourguignon, et des liquidateurs féodaux. »

.·.

C'est donc à l'aide d'un procès de sorcellerie, que les ennemis de Jeanne, se flattèrent de flétrir la mission de l'Inspirée.

Et à ce sujet, un mot sur les sorcières : à cette

10

heure ce mot résumait toutes les misères et toutes
les hontes, qui viennent du fanatisme ; cependant
personne plus que les occultistes, n'ont eu les dons
d'en juger ; eh bien, Paracelse, le grand médecin de
la Renaissance, après avoir jeté au feu tous les
livres de médecine de son temps, déclare que c'est
des sorcières qu'il apprit tout ce qu'il sait de pratique et de bienfaisant.

Maintenant, voici l'opinion de Michelet ; « dans la
« situation où était la femme » — dit-il — « il faut
« considérer la sorcière comme une manifestation
« naïve et populaire de l'esprit du féminin contre les
« épouvantes et les oppressions du moyen-âge. »

Si j'invoque en ce moment, le sort de la femme
aux prises avec la souffrance, c'est uniquement
parce qu'il est toujours utile de rappeler, que cette
pure et noble émule des apôtres, est une femme ré-
signée sous les lois dures et avares, qui pèsent sur
sa liberté, si elle est riche, et sur son labeur si elle est
pauvre ; que cette femme partout enfin, au milieu de
la foule asservie, n'affirme son indépendance, *que*
par ce seul droit mis hors d'atteinte, par le monde
païen, comme par le monde chrétien, lequel ? le
droit religieux de la femme.

« Dans le couvent du temps jadis » dit Arvède
« Barine, une abbesse de ce temps-là aurait trouvé
« les chefs de l'État moderne de bien mesquins ca-
« marades. »

Au surplus, voici quelle était la situation spéciale
des abbesses d'autrefois : par leurs communautés,

les abbesses possédaient, non seulement l'adminis-
tration du temple, la direction générale du couvent,
mais encore l'exercice des droits civils et féodaux ;
parmi les particularités les plus notables, il faut citer
l'abbesse de Fontevrault, qui avait le gouvernement
de deux communautés, c'est-à-dire de monastères
doubles où les moines et les nones vivaient sous
une même direction.

Est-ce tout ? non, il y a plus, au-dessus et au delà
des jugements du monde, la retraite couvrait la
femme, quand montait la marée de la médisance, ainsi
Héloïse, l'amante d'Abélard vécut au Paraclet, honorée
des hauts dignitaires ecclésiastiques et des Papes.

D'ailleurs le couvent avait pour enchâsser, les
grandes vocations religieuses, une sorte de gloire
mystérieuse et profonde. Et que de religieuses sont
grandes, parce que le lumineux accord de leur psychisme est grand.

Qui, plus que sainte Thérèse, pour ne parler que
de celle-là, s'est plus penchée sur l'éternel fond de
notre destinée ; qui, avec une ardeur d'inspiration
plus suprême, s'est plus élevée de sommet en sommet, jusqu'au prophétique flamboyant de la révélation, c'est-à-dire jusqu'aux vibrations de l'éther en
rapport avec sa foi ?

C'est pourquoi, Bossuet et Fénelon, précisément
dans leur querelle sur le quiétisme, s'inclinent tous
les deux devant l'autorité de sainte Thérèse, de la
Pensée féminine allant dans l'au-delà et lisant dans
le livre de Dieu.

Et parmi l'évocation de ces figures de femmes, qui frappent, qui charment, par la réalisation d'un idéal de force vive, d'intérêt de conscience, de conquête morale, j'insiste sur ces *grands cœurs religieux* : Blanche de Castille, Catherine de Sienne, la comtesse Mathilde.

Je n'ignore pas, tout ce qu'on peut dire contre le mysticisme et le papisme, mais je sais gré à ces femmes, d'épancher les larges ondulations des eaux de la spiritualité, sur la douloureuse étape de la vie des peuples, de mêler leur activité au mouvement moral de leur siècle, de confronter leur vigueur spirituelle, avec sa vigueur matérielle, de s'écrier enfin pour leur croyance, comme Sibylle de Clèves pour la sienne, en organisant la défense de Wittenberg contre l'éblouissant triomphe de Charles-Quint, « sacrifions tout, tout excepté notre foi. »

Ne l'oublions jamais, la Pensée est toute l'action de la femme, vaincue dans le droit, vaincue dans la loi, cette Pensée a cela d'admirable, qu'elle fait grâce des deux côtés, parce qu'elle préexiste à la

loi, elle était avant, elle sera après le code monstrueux.

Ainsi, quand l'Université de Padoue, par exemple,
décerna, en 1678, le titre de doctoresse à Hélène
Carnaro, celle de Bologne, celui de professeur de ju-
risprudence à la très célèbre Novella Calderina, que
font ces universités ?

Elles comprennent, elles se subordonnent à la majesté de l'esprit, qui remet toutes choses en équilibre, et qui fait, que la défaite d'un préjugé, soit la
victoire de la femme.

Je reviens à Novella Calderina ; rien, paraît-il,
n'était plus accompli que sa beauté, eh bien, c'est
précisément à cause des effets subjuguant de cette
beauté, qu'elle faisait son cours la tête recouverte
d'un voile épais ; comme vous le voyez, Novella Calderina, n'était pas un professeur comme un autre,
elle se réglait par la pensée pure, alors que l'in-
gratitude du code, se réglait sur la loi absurde.

Mais je veux surtout vous parler, de l'apostolat
spirituel de la Femme, et je ne veux rien retirer de
cette expression.

.:.

Qu'est-ce que Port-Royal, par exemple ? une riche
abbaye ? Non, la mère Angélique inspire à ses reli-

gieuses l'amour de la pauvreté ; une vaste institution ? Point, quelques solitaires en font toute la destinée glorieuse. Quelle était donc sa force ?

Qu'est-ce qui faisait travailler ensemble, écrire infatigablement pour les « Petites Écoles » de ces religieuses, les Mmes de Sévigné, de Sablé, de Longueville ?

Une poignée d'âmes, gardiennes de l'idéal et ne lachant pas prise devant l'universelle fascination du pouvo.r ; Louis XIV ne s'y trompa point, il frappa ce qui lui échappait, et fit raser Port-Royal.

C'est en ce temps que Mme Guyon, parcourt la France et la Savoie en exposant sa doctrine.

Sans doute, cette doctrine, « le guyonnisme », a beaucoup de défauts, mais sa sève rayonne, une puissance de pensée transcendantale, qui lance un jet de clartés, sur la vie et les amitiés de Mme Guyon. Car c'est du fond des cachots de la Bastille et de Vincennes, où la firent jeter ses conférences au faubourg Saint-Antoine, que, puisant dans la persécution une force nouvelle, d'une voix persistante, d'une voix intrépide, Mme Guyon, pénètre des esprits, comme Fénelon, la Duchesse de Chevreuse, la Duchesse de Beauvilliers, de sa doctrine pure, surélevée sur la grâce, et affirme, avec une sérénité souveraine, les mystères s'accomplissant pour les élus, qui sauvent le monde en se sauvant.

Mme de Maintenon, elle-même, est un moment du côté du « guyonnisme », mais quand le quiétisme est frappé, elle n'entreprit pas de le défendre.

Au surplus, l'apparition d'une femme apôtre, contrariait, déconcertait la cour, infectée de cléricalisme et de jésuitisme.

D'ailleurs, le progrès moral des peuples ne peut venir ni de la Cour, ni du clergé, ni même des salons. Quelquefois cela se voit dans l'évolution des sociétés, une orientation nouvelle s'empare de l'esprit des salons, elle crée ce qu'on appelle les salons exclusivement littéraires du xvii° siècle, les salons politiques et philosophiques du xviii° siècle, et ceux, qui continuant leur éclat, n'eurent à notre époque qu'un moment favorable, le romantisme, mais n'agrandissons pas cette influence, qui, se taisant où s'élève le cri de l'humanité, n'offre pas des modèles et ne fait pas des exemples ; qui, n'ayant que des griefs personnels, frappe d'une rancune, non d'une sentence, qui restant en dehors, n'entrant pas dans la vie morale des peuples, demeure neutre à l'esprit des vérités Spirituelles, et n'ajoute rien aux corrélations intimes de l'Idéal et des Idées ; oui, l'action des grandes salonnières fut moins considérable sur les esprits que celle de ces quelques femmes, au dévouement héroïque, dont les vibrations psychiques, allumaient dans les nerfs palpitants, les sens de la céleste vie, plus précieuse que la vie terrestre.

Ceci fut, entre autres, toute l'aventure du salon politique de cette véhémente Théroigne de Méricourt, qui devint par la suite « l'amazone rouge » de la liberté, au grand chapeau de feutre si connu dans les émeutes.

Quoiqu'il en soit, son féminisme tapageur, entraîné aux agitations politiques comme celui des Rose Lacombe, des Olympe de Gourges, fut sans portée réelle, et n'eut pour public que les niaises indignités des représailles sociales.

Voilà ce qu'avaient obtenu pour la femme, les disciples des Encyclopédistes, si amis des grandes salonnières du xviii⁰ siècle : la conspiration du silence pour ses droits.

Et ceci, à quel moment ? Au moment des réformateurs du droit humain, oui, et la constituante, la législative, la convention, toute cette revision juridique, toutes ces routes ouvertes aux droits de l'homme furent barrées aux droits de la femme, et la Révolution qui pouvait tout pour la liberté féminine, ne fit rien pour elle ; je me trompe, car il ne suffit pas, à la première République d'abolir tous les droits religieux de la femme, jusqu'au chapitre des chanoinesses, qui n'étaient astreintes qu'à de certaines réglementations, et dont la solidarité régulière et séculaire était acceptée comme institution sociale, elle alla plus loin, elle exclut du code, elle brisa, sous quelque forme qu'elles se présentassent, les dernières lois de protection des convenances judiciaires s'envolant de l'âme de la chevalerie, et qui en France et en Angleterre, faisaient siéger les femmes à l'égal des Pairs, aux assemblées des États généraux.

Une injustice protégea l'autre, et Bonaparte, en passant à la liberté le nœud coulant du bourreau, supprima du même coup, toute l'indépendance de la femme, par le droit absolu de l'homme.

.·.

Eh bien croyez-vous que Napoléon, avait complè-tement tort, en ne mettant pas la loi du côté de la femme, telle qu'il la voyait? Les mœurs de l'époque, ce foyer d'intrigues féminines, sans lumières pour gouverner la France, qu'on appelait le Directoire, l'invitèrent à réfléchir sur les inconvénients de l'in-fluence féminine, et il jugea que du moment que l'homme cesse d'être le maître, il devient le *com-plice* de tous ces inconvénients, compromettant aux yeux sévères du premier consul l'ordre naturel des choses.

Oui, la censure de Napoléon avait monté jusque là, et peut-être se dit-il, que trop souvent, le cœur entier de l'homme qui aime, est entre les mains de celle qui ne le mérite pas, parce qu'elle ne *veut* pas ce qui *mérite d'être désiré*.

Faut-il le redire sans cesse? Ce qui fait que les choses nobles que la femme peut acquérir ne jouent dans sa destinée qu'un rôle peu considérable, c'est la femme elle-même, la femme esclave des va-

nités qui vicient la société par l'infiltration du mensonge, *des artifices mis partout à la place de la vérité*, des mesquineries du vide des cervelles féminines déviées dans le snobisme, ou uniquement
éprises de sport.

D'abord, qu'y a-t-il au fond de cette catégorie de
femmes nommées charmeuses ? Faut-il parler de la
pauvreté intime d'une effroyable nullité qui n'a
souci que de briller, au milieu du luxe où se réalise
son rêve malsain, vision sans but, qui aveugle, en
éteignant le flambeau de la *Pensée consciente*.

Ensuite, qu'est-ce qu'une charmeuse ? C'est une
femme qui tout en *gardant sa raison*, commerce
avec *toutes les faiblesses* et la folie de l'homme, engendrant le chaos moral, la *résistance au sens divin
dans l'humanité aux grands événements qui cons-
tituent les progrès de la vie.*

**

Ces réserves faites, et c'était dans l'intérêt du féminisme de les faire, je résume cette évocation de
l'Esprit du Féminin saisie dans un coup d'œil ré-
trospectif par la conclusion que voici : de deux
choses l'une, ou la femme de libre expansion est né-

cessaire, ou elle ne l'est pas ; si elle est nécessaire, c'est qu'elle sauve la société, si elle ne l'est pas, elle la perd.

Eh bien, non, non, quoiqu'on en dise, elle n'est pas tarie la source, qui fit jaillir sous les pas de l'histoire la médiation de la femme, de l'éternel féminin, « celui qui tire en haut » comme dit Goëthe.

Elle existe toujours la sève, elle coule, et les exemples sont là prouvant qu'il n'est de devoir plus haut pour la femme, à notre époque anxieuse et agitée, que de porter le poids de la *solution suprême*, vers laquelle converge l'épopée humaine, et qui peut s'exprimer ainsi : le salut des âmes par la régénération des vérités spirituelles, l'éducation des âmes par le savoir divin, qui vient de dessus les autels, et qui a dans l'esprit la contemplation profonde des infinis.

Oui, en vérité, il y a une échéance entre les devoirs et les droits, et si la justice descend, si le vieil antagonisme des sexes s'abolit, c'est *que la situation des mœurs doit en être améliorée*, afin que la lumière devienne cette clarté des consciences dont chaque degré franchi élargit l'horizon. N'en doutez pas, le féminin spirituel et le psychisme initiateur sont le pivot sur lequel tourne le règne de l'Esprit.

Eh bien, puisque c'est vrai que l'action qui surpassera toutes les autres, c'est celle de l'âme féminine, attirant la commotion de la nouvelle humanité, humanité meilleure, pour laquelle nous pensons et souffrons, en cherchant du regard, au-delà de l'horizon, la fraternité et la Paix entre les peuples, points d'attache de l'homme à Dieu ; puisque c'est vrai, qu'en face de la civilisation matérielle la Femme-Pensée, la Femme consciente doit lever haut le drapeau sur lequel on lit : Unité Psychique, Humanité unie, puisque c'est vrai enfin, que cette humanité, transcendantale, *de laquelle la Paix naîtra,* sera celle du Féminin spirituel, *libérateur de la conscience, réalisateur du règne de l'Esprit sur terre, initiateur du troisième Testament, celui du Christ glorieux et de la femme triomphante,* on peut donc affirmer que la prêtrise des femmes est le premier et le dernier mot, dans la civilisation des peuples, elle est le point de départ et le point d'arrivée. Oui, la situation haute de la femme dans la Religion, est le droit, le droit fondamental de la Femme.

Donc, en innovant, la prêtresse nouvelle rénove la tradition antique, ouvre les réserves divines du Féminin Psychique, tire au grand jour, pour laquelle elle est faite, la Pensée, qui étudie en elle-même, les mystères de l'âme humaine, la Pensée qui témoigne sur terre, grâce à la pureté, à vivre en l'idéal, le grand but du vrai, par *qui tout s'émancipe,* la Pensée, enfin, qui fondera l'avenir dans l'ordre des idées familiales et religieuses, et, ce sera mon dernier mot, on peut tout attendre du mouvement spiritualiste, s'il sait faire sortir du plus formidable des conflits sociaux, la plus stable des évolutions, *la Renaissance religieuse par la Femme*, par le Féminin spirituel et conscient, qui fera succéder une génération de croyants à une génération de sceptiques.

Courage donc, et en avant, et au moment où je prononce ces mots, il me semble que j'entends toutes les voix éparses, soudain ramassées, de toutes les visions d'idéal que l'humanité a senti battre dans son sein, et qui, jetant sur nos bords, les grandes marées des siècles confondus, répondent et disent que la fin des Esprits, c'est le Ciel de vérité, *qui initie et délivre*, dont le rayon traverse, d'un seul amour, le cœur de l'humanité et s'appelle Harmonie.

DES GRANDES INITIATIONS
FÉMININES ET DE LEUR SYMBOLISME

DES GRANDES INITIATIONS FÉMININES
ET DE LEUR SYMBOLISME (1)

*(Conférence faite le 18 juin 1911 dans la Grande
Salle des Sociétés Savantes sous les auspices de
l'Alliance Spritualiste, parue dans diverses Re-
vues l'Etincelle, Psyché, la Vie Nouvelle...).*

MESSIEURS, MESDAMES,

Ce n'est pas la première fois que je viens exposer
dans une enceinte publique, la pensée fondamentale
du féminisme initiatique et de ses traditions ésotériques se dressant devant l'empire du masculin, soit
que j'aie suivi la *nature déterminante* du féminin
universel dans les croyances anciennes dans les
emplois cultuels de la femme, dans sa situation officielle d'initiatrice au temple de la divinité, ainsi
seules les grandes inspiratrices du trépied rendaient
les oracles, où on sentait passer les inconnus ; soit

(1) Monsieur Jounet, Président administrateur de l'Alliance Spiritualiste a répondu à Madame de Bezobrazow
par un très remarquable discours sur le Féminisme spiritualiste qui laisse voir l'idée passant toutes les doctrines
à travers les rameaux de l'Alliance spiritualiste.

que j'aie suivi la femme dans sa mission moderne, faite d'utilité publique, modelant la parole intérieure de ses droits lui revenant de la lumière de ses devoirs, j'ai toujours taché de réunir, dans un cycle évident tout ce qui est digne de rétablir la suite et le détail de la synthèse du féminin :

Laquelle ? Celle qui repose en entier sur la proéminence de la femme comme formatrice d'âmes faisant mûrir les forces harmonieuses de la Société, qui au moment voulu, par l'itinéraire de l'évolution, rendront à l'Eternel Féminin, pris en les tenailles de l'Eternel masculin, *toute sa plénitude.*

Comment ? *En éclairant d'un réseau de clartés nouvelles, les points fondamentaux des traditions anciennes.*

D'ailleurs, ce déplacement dans les temps, sans lequel, on ne peut traiter la question féminine, dans toute son ampleur, est la plus haute expression de la Pensée du Féminin.

Est-ce que le culte de la Mère, de la terre mère, *base de l'antique matriarcat* qu'indique l'histoire, n'est pas au début de tous les cultes, à l'origine de tous les temps ?

Est-ce que depuis le Manou féminin du système étrusque, jusqu'à la Pallas du système orphique, depuis l'Isis des loges égyptiennes, jusqu'à la Pneuma-Sophia des gnostiques, depuis la mère des sept génies planétaires, jusqu'à la Vierge étoile de la Grâce, n'est-ce pas là tout le principe d'intercession entre la divinité et la terre, entre l'infini et le fini, n'est-ce pas là le centre de toutes les convergences religieuses de tout le mystère enfin, faisant monter la création par la femme jusqu'à la procession éternelle du verbe, déchirant l'âme humaine pour la féconder ? N'est-ce pas enfin le centre de tout principe régulateur ayant son souffle essentiel en lui-même : lois, force, mouvement de son action dynamique propre, feu vivant qui changera le monde en reprenant la primitive révélation.

Oui en vérité, l'autorité de l'accord fondamental entre le Féminisme spiritualiste moderne et les croyances anciennes, entre les jeunes droits et les vieilles traditions, *n'est pas un expédient, c'est un fait établi dans le cœur de la synthèse souveraine du féminin et motivée, liée à tous ces antécédents, qui attendent leur reflux légitime.*

Est-ce que l'ère d'Iris n'a pas duré trente siècles ? Ni l'ère des Césars, ni l'ère musulmane, ni aucune ère ouvrant ou fermant la limite de l'âge, n'a eu plus longue durée, que l'ère de la femme, personnifiant l'ensemble de la nature terrestre et de la nature céleste.

Ecoutez la gnose trancendantale : « Nous attendons, déclare le catéchisme gnostique, la grande vertu de Dieu, la femme qui viendra » !

Oui, les gnostiques qui tiennent en leurs mains la clef de l'Evangile Initiatique, de l'Evangile de l'Esprit, qui est l'Evangile Eternel, disent « Notre-Dame le Saint-Esprit. »

Ce n'est pas prendre un nouveau point de départ :

ainsi le mot Esprit est féminin en Hébreux, et correspond à la tradition judaïque, d'après laquelle le souffle, la puissance créatrice planant au-dessus des eaux dans les ténèbres sombres de la préexistence est féminin.

Cela est si vrai que l'Evangile des Hébreux fait dire à Jésus : « Ma mère l'Esprit Saint ».

N'oubliez pas que le symbole du Saint-Esprit non engendré, qui engendre tous les autres, que l'Eglise catholique chante ou récite à la messe après l'Evangile est féminin. Pourquoi ?

Parce que le règne de l'Esprit, assurant le royaume de Dieu sera celui de la femme. Oui, sachez-le bien, la femme pliée et rompue sous la charge des lois humaines, du code de la Force se relèvera de sa chute sous le rayon des lois divines du code de l'Esprit.

Si la femme a été vaincue par l'homme qui supprima son droit, c'est uniquement parce que plus puissante que lui sur le plan de la lumière transcendantale, elle l'est moins que lui sur celui de la réalisation matérielle.

Mais cette subtilité constitutive du féminin, n'implique en rien son infériorité, sa nullité, bien au contraire, la femme est plus intelligente que l'homme, car son degré mental s'unit plus étroitement aux catégorie supérieures, et les forces qui sont en nous, dépassant notre vue physique, sont celles de la matière subtile, et non celles de l'enveloppe terrestre et de sa masse.

Vous le voyez, la synthèse du Féminin a tous les droits de la Pensée, la Pensée est le sacerdoce de la Femme, comme la synthèse du masculin à tous les droits de la force.

Ne demandez pas à la force d'où lui vient son droit ?

Car dans son essence, la synthèse de la Force est la contradiction de la synthèse du droit. Aussi je tromperais votre attente, je me montrerais en opposition avec mon sujet, si je ne parlais du triomphe prochain de l'Esprit du Féminin sur cette sombre sentinelle de la synthèse masculine, l'infâme, loi de force et de sang, qui étouffe le perfectionnement moral de l'humanité, et ceci dans une conférence où je veux vous faire voir d'abord le caractère déterminant des signes ou symboles du Féminin pour vous décrire ensuite quelques secrets des grandes initiations féminines, tabernacles de la tradition antique.

Renan disait : « La forme obligée de toutes les religions, c'est le symbolisme. »

En vérité, le symbole, cette écriture divine de
l'idée, ce signe de ralliement de l'Esprit reflétant
l'âme des races, *le symbole est l'expression idéalo-
gique de la religion*, on peut même aller plus loin
et dire que *la parole absolue du symbole est adé-
quate à l'essence de la vérité incrée.*

Eh bien, le symbole et ses visions profondes sont
semées de féminité, comme le firmament de cons-
tellations.

Oui, en effet, l'Esprit de l'histoire des religions
qui s'éveille, trouve partout sur les dalles des doctrines secrètes : mystères orphiques, pytagoriciens,
dionysiaques, tirant leurs origines des mystères
d'Egypte, les rouges éclats, roulés, tombés, brisés,
de la Révélation unique, jettent *une vive lumière sur
les falsifications historiques du masculin*, qui établissant le domaine du Patriarcat sur le Matriarcat,

emporta la forme de la Pensée féminine et son idéal
raturé dans le vaste flux de ses conquêtes formidables et sanglantes, de ses victoires aux talons d'airain.

Chose frappante ! Depuis l'arche initiatique sanctuaire des arcanes, couvrant au loin les quatre races
humaines de son ombre ; depuis le rideau chargé de
symbole de l'Uranie Assyrienne, dont le culte est le
centre classique des grandes initiations féminines ;
depuis l'Ancre attribuée dès la plus haute antiquité
à la représentation du principe féminin jusqu'à la
Balance, ce symbole de Justice en lequel les anciens
voyaient le principe féminin par excellence, ainsi
les Thesmophories par exemple, la fête des grandes
déesses était celle de la Loi ; depuis l'Œuf du monde
de la grande mère primitive, dans le sein de laquelle
s'unissaient Isis et Osiris, et jusqu'à la reine Mauth dame du ciel des vignettes du livre des morts ; depuis
la Grande Colombe du collège sacré symbolisant l'initiation féminine par la Science, jusqu'à la Colombe
ionique symbolisant l'initiation féminine par l'amour
psychique, qui vit dans le Dieu vivant ; depuis le navire d'Isis jusqu'au vaisseau de Minerve allant l'un
devant l'autre comme deux anciennes suprématies
amies ; partout où la pensée s'arrête et interroge
l'éternel rayon de cette langue parlante du symbole ;
partout où elle prête l'oreille au bruit montant de
tous les côtés de sa grande tradition ; partout où sa
main se pose sur ses mystérieuses générations sortant des mille arceaux des vieux temples tombés en

poudre ; partout enfin où ses yeux déchiffrent les
rites secrets, surgissant de l'abîme entassé des
temps, ou suivent leurs mythes sacrés, qui virent
s'écrouler autour d'eux le chaos confus des peuples
et des rois, et enfermés dans les musées Cryp-
tiques déroulent encore dans la pierre leurs inter-
minables panneaux de hyérogliphes ; partout oui
partout, l'Histoire retrouve l'image lumineuse des
déesses solaires, recevant et partageant avec les
dieux les honneurs solaires qu'elles avaient possédé
avant eux, jusqu'aux temps de méprise fatale tuant
ce qu'elles voulaient sauver : La Révélation adaptée
à l'Esprit du Féminin.

Messieurs, Mesdames, un marbre admirable dé-
couvert à Eleusis, la Jérusalem païenne, où se célébrait comme vous savez, le drame hiératique du rapt
infernal de Proserpine et des douleurs de Cérès, qui
fut le saint des saints, le Saint Sacrement du paganisme, un bas-relief glorieux exposé à la galerie des
Beaux-Arts, nous découvrira avec une auguste éloquence quelque chose de ces cérémonies secrètes
ou Thesmophories, dont poètes, historiens, philo-
sophes ne parlent qu'avec un effroi sacré, car ce
marbre, fait d'une pensée antique, est vraiment une
page arrachée au vieux livre des mystères.

Ici, se pose cette question : « Quelle était la fonction de ces mystères, qui cloîtraient la vérité dans
la Doctrine secrète ? »

Lisez Diodore de Sicile : « Ceux qui ont participé
à ces mystères », dit-il, « en deviennent plus pieux,
plus justes, meilleurs en toute chose », et Pindare,
dans la lumière de l'inspiration s'écrie : « Heureux
qui après avoir vu ce spectacle descend dans les
profondeurs de la terre ». Ces paroles ont de nombreuses confirmations ; ainsi Autocide, dans un des
quatre discours qui sont restés de lui, lance aux
Athéniens cette apostrophe véhémente : « Vous avez
contemplé les rites sacrés des déesses, afin que vous
punissiez l'impiété et vous sauviez ceux qui défen-
dent l'injustice ».

De là on peut déduire que les mystères étaient
une école de moralité et de philosophie entreprise
pour le salut de l'humanité.

En effet, toutes les grandes vertus du monde grec

tournaient autour de ces deux spirales : ici à Eleusis,
les grandes Eleusinies, de Cérès-Démeter, dont la
renommée après les guerres médiques, se répandit
dans tout le monde païen ; là-bas, à Athènes, les
petites Eleusinies de Pallas-Athénée, aux rayons
desquels toute la terre grecque était mêlée avec
l'offre calme et fixe de l'art et de ses éternelles harmonies.

.˙.

Maintenant, quelle était la méthode l'enseignement sacré ?

Je n'énumère pas ici les degrés de l'Initiation, je
les caractérise par ces mots : la science infuse dépassant la science.

Vous sentez quel esprit s'agitait dans la vie de la
science antique, centre magnétique de l'Esprit contenant toutes ses puissances au repos.

Voici que nous nous heurtons aux ailes gigan-
tesques de l'Initiation repliées sur un monde inconnu.

Voici que nous voyons l'entrée des mystères dont
chaque signe représentait une idée essentielle, à son
tour prototype des signes zodiacaux et planétaires.

Abordons cette ombre splendide du processus initiatique, on la sent de marbre, elle se fait nombre, devient la chaîne mystique des idées échelonnée sur l'alphabet des anciens, fibre colossale de la science synthétique universelle jetée dans les profondeurs de la nature.

.·.

Rappelez-vous que la synthèse primordiale adora à travers le grand Tout de l'Esprit pur, une réduction de l'Eternel sur l'autel de la divinité.

Rappelez-vous que pénétrant les secrets de la nature, le mariage du ciel et de la terre, elle plongea ses yeux dans la nuit de l'essence indivisible et de la substance divisible, de la Dyade de Pythagore, c'est-à-dire de la double manifestation de l'Eternel masculin et de l'Eternel féminin, double face de la grande unité, contenant l'infini et toute sa vie, l'union de l'Univers avec son principe, d'où s'égrène le collier d'harmonie des mondes, sur lequel repose la signature de Dieu. Mais rappelez-vous aussi que la science de l'Etre ne se dévoilait jamais aux profanes.

Ainsi l'accusation d'avoir trahi le secret des mystères, faillit coûter la vie à Eschyle.

Démosthènes dans un de ses discours s'écrie :

« Que les profanes ne pouvaient connaître les mystères, même par ouï dire ».

Quant à Pausanias, il passe devant l'énigme grondante en se voilant la tête. « Ce qui est dans l'intérieur du temple, dit-il un songe, m'a défendu de le décrire, les non initiés à qui il n'est pas permis de voir cet intérieur, ne devant pas même connaître ce qu'il renferme ».

Donc, ne vous étonnez pas si, Apulée, un initié de la décadence, semble quand même regarder autour de lui et baisse la voix en racontant dans ses métamorphoses » les cérémonies préparatoires de son initiation au rite de Memphis, qu'on démêle parmi les images confuses des filiations non interrompues des Francs-Maçons, depuis le collège des constructeurs Romains jusqu'aux initiations maçonniques sortant de l'obscur moyen-âge, qui roulent à travers les temps et retombent sur la Société en 1789 en bloc fatidique.

*

Mais revenons à l'idée cristallisée dans le bas-relief d'Eleusis, elle luit, elle parle cette idée, et nous avons là devant nous, répété dans le marbre, un épisode de la mission des grandes déesses.

D'un geste pontifical, Cérès, appuyée sur un sceptre, emblème de la royauté d'Eleusis, confère à Triptolème le grain nourricier et lui assigne ses fonctions.

Triptolème, c'est l'image de l'athlète rural qui vaincra l'élément ; il tend vers la déesse une main pieuse qui fait ressouvenir de ce passage d'Ovide « Cérès força les taureaux à plier leur tête sous le joug, et le soleil échauffa, pour la première fois, le sein de la terre labourée. »

Faisant un ravissant et profond contraste avec ce groupe révélateur de mâle énergie, Proserpine, la Reine des ombres, glissant dans la fraîcheur de ses voiles, lève le flambeau de la Vie future et nous attache à son sens prophétique ; car Proserpine enfante les formes spirituelles de la Pensée, comme Cérès enfante les formes matérielles du Corps, elle est liée à la prescience divine qui règne au nom des prophéties et appelle l'état terrestre le sommeil de la vie réelle, comme Cérès est liée à l'histoire naturelle de la terre, amenant l'humanité aux découvertes de ses phénomènes donnant les bienfaits des moissons éternelles.

Remarquez-ceci : avec le symbole, tout le symbole dont les mots vivants tombent de ce bas-relief découvrant le fond des mystères d'Eleusis, nous voyons que dès l'origine les forces physiques ou cosmogoniques sont distinguées des forces psychiques ou intellectuelles.

Cependant pour soulever le voile de la vision compréhensive des rites d'Eleusis, laissons la pensée faite marbre, et saisissons celle dont la force sort des forces de la foule, celle qui plane dans les clartés des blanches processions suivant le chemin sacré, en secouant des torches dans la nuit comme des pléïades d'étoiles.

Après les ablutions dans la mer, décrites par Apulée, c'est dans la vaste enceinte du Temple ouvrant ses splendeurs aux cortèges immenses, le long gémissement, indéfiniment accru des cymbales répandant les plaintes de l'enlèvement de Proserpine par Pluton, le dieu des enfers, qui monté sur son char, s'élance du gouffre des ondes, entouré des clameurs affreuses des noirs typhons.

Après les chants des préludes religieux exaltant l'âme des foules, par les chœurs des initiés, agités d'un souffle surnaturel, c'est l'orge sacré du Rharius, offert dans l'Eleusinium de l'Acropole, empli de mots mystérieux et de notes isolées.

Car détruire l'illusion humaine entre la révélation et la foule, aucun homme ne le peut, eut-il l'étoile de rédempteur au front.

« Le mystère des mystères de l'ancien des jours, dit le Zohar, n'a pas été livré même aux anges de là-haut. »

Certes, vers le but lumineux où Dieu nous mène, ses envoyés nous poussent ; est-ce que Saint-Paul, ne dit pas : « Nous prêchons la sagesse de Dieu renfermée dans ses mystères ».

Et Chateaubriant qui dans son génie du Christianisme distingue la voix de certaines vérités voilées s'écrie : « Le fils de Marie a révélé au monde un mystère, enseigné en secret dans les anciens temples ».

Mais retournons aux horizons antiques ; tout à
coup, débordant d'émotion, éclate un hymne pur
et serein. « On ne sait quel faucheur mystérieux
apparaît, moissonne silencieusement un épi et s'évanouit ». Quelque chose contenant les ailes de l'avenir s'est réalisée.

Alors les pierres des prophylées ploient sous les
cris d'allégresse.

Les hiérophantes aux peaux de faon, et les initiés
aux blanches robes, sont comme des rois entourés
des acclamations de tout un peuple, frémissant
d'émotion, bénissant la loi d'harmonie qui unit le
ciel vivant à la terre vivifiée.

Enfin, du fond du sanctuaire les voiles tombent et
dans la lumière des théories sacrées, couronnée de
fleurs, enveloppée d'étoiles, Proserpine sort de la
terre des illusions de la mort et aborde ce grand rivage : la certitude des horizons nouveaux par la ré-
intégration de l'humanité dans les voies divines qui
ont celles des divines libertés.

Oui, en vérité, l'humanité ne cessera de souffrir, elle ne sortira de la série ténébreuse que lorsque son doigt tournera cette page libératrice : l'accomplissement par la pensée, par la parole et par l'action, de la loi unique du grand architecte dont la création est le temple.

N'en doutez pas, le moment est proche où l'humanité redeviendra complètement religieuse, alors le devenir social produira des merveilles, car dans tout ce qui vit, il n'y a qu'un point mort, c'est la matière.

Est-ce là toute la signification du sens caché des rites d'Eleusis, dira-t-on. — Non ce sens est double, il indique sans les confondre deux états de l'humanité, revenant dans le présent à la fin de la grande année de 24000 siècles, que toutes les universités asiatiques connaissaient. Noter ceci : entre l'enlèvement de Proserpine et le retour de la grande déesse passant du royaume des ombres, comme à travers un rêve affreux, au réveil frémissant de la libre lumière, il y a le long sommeil du Féminin, il y a son évanouissement dans l'horreur des nuits devant la face du vainqueur ; il y a l'accaparement, l'arbitraire de la force aveugle traçant le triomphe du masculin, il y a le culte des dieux solaires enfin substitué au culte des déesses solaires.

Chose digne d'attention, c'est dans cette lutte profonde de deux cultes, se touchant, se heurtant l'un l'autre dans une continuelle réaction de deux courants contraires, des sanctuaires du culte des prêtres, contre celui du culte des prêtresses qu'il faut chercher la cause originelle, qui creusant le sillon du Patriarcat, ouvrit le tombeau du matriarcat dont au fond du sol qu'elle fouille l'Histoire, retrouve les débris de grandeurs amalgames à l'immense figure des civilisations mortes.

.˙.

Si étrange que cela semble, on peut dire que depuis la chute astrale de la séduction du serpent, il n'y a pas eu pour la femme et peut-être pour l'humanité de chute plus effrayante que celle de la ruine et du cadavre des déesses solaires.

Pourquoi? Parce que le culte des dieux solaires en ôtant de dessus le pavois, le culte des déesses solaires, mit à la place des déesses dépouillées de leurs insignes de souveraineté solaire, les déesses lunaires des mystéres impures, en commerce avec le monde inférieur. Comme l'idole monstrueuse d'Ephèse, par exemple qui avait pour fête d'obscènes mascarades.

Voilà d'où sortit flot à flot de l'Asie flétrie, l'effrayante moisson des semeurs de magie noire, voilà d'où s'épandit le lugubre frisson du filtre qui mordit au cœur le paganisme d'une morne et fatale langueur.

Tout cela a pour point de départ initial le triomphe

de la thèse des prêtres Amon-Ra sur la thèse des
prêtresses de Neith.

Qu'est-ce que la thèse des prêtresses de Neith?
Celle qui était l'âme même de la révélation première, celle qui affirme que le privilège divin n'est
pas réservé à l'homme seul. Songez-y, de ce reflet
de la divinité sur le front de la femme résultait la
correspondance de ses droits sacerdotaux inscrit sur
le divin métal de la juste justice.

Car les droits sacerdotaux de la femme c'est le
droit égal de salvation des deux sexes devant le
tribunal de Dieu ; c'est le droit des deux sexes de se
soutenir, de s'animer, de se pénétrer l'un l'autre
dans le même devenir! Oui l'âme féminine n'a-t-elle
pas dans l'infini, la même destinée que l'âme masculine, qui est de semer la lumière dans le grand tout
fatal ou providentiel ?

Aussi la substance de l'Esprit du Féminin est indépendante des contingences évolutives : Proserpine
disparait mais ne s'évanouit pas, puisque les glorifi-
cations inouies d'Eleusis, célébrait la joie de son
retour, avec le renouveau du printemps répétant
de saison en saison, le drame sacré de la nature qui
toujours devant nous finit et recommence.

Je dis en terminant, et que ceci dégage en quelques mots la pensée mêlée aux longs cercles d'ombre
du mythe d'Eleusis, ce qui fait l'importance de ce
point central et mystérieux, c'est qu'il n'est point
celui de tel ou tel mythe sacré, c'est que son sens
secret se retrouve, se rencontre dans toutes les

écritures, interpénétrant les profondeurs des forces
divines, oui toutes les prophéties, ces âmes d'airain
de la tradition, à l'heure où elle montre au monde
la tradition de la femme péché, énigme cruelle en
face de la nuit, lui montre aussi son relèvement
par le même principe exalant les anathèmes des
temps qui, chargés de siècle, crouleront sur la tête
de la femme victorieuse du serpent.

Ecoutez la Bible : « Et je mettrai une inimitié
entre la femme et toi, elle t'écrasera la tête et tu
chercheras à la mordre au talon (Genèse vers 15).

Prenez la Pythonisse du polythéisme païen
nommée ainsi à cause de sa victoire sur le serpent
Python, ou prenez la femme des prophéties apoca-
lyptiques « Revêtue du soleil ayant la lune sous ses
pieds et couronnée d'étoiles » et vous verrez se dres-
ser au-dessus de ces prophéties, inscrite dans le ciel
planétaire, la haute et intelligible destinée de la
femme qui vaincra le mal par les lumières de la foi.

Et maintenant que je vais finir, permettez-moi un vœu.

Pour faire avancer le pas du monde, vers la synthèse intégrale, bâtissant la cité future il ne faut pas que la Pensée du Féminin, qui revient à son heure compléter par le labeur des siècles, ramasse son attention au lieu où se mesure les choses établies, mais au lieu où on s'instruit en secret de la vérité qui persiste, qui résiste, qui tient tête aux abominables injures d'une société morbide, prête à déposer son bilan.

Il ne faut pas seulement que la Pensée de la Femme, se plaise au lieu où s'admire les gloires des civilisations extrême, rendez-vous des maux et des calamités illimitées, il faut que, ne s'arrêtant pas aux bornes étroites des choses d'ici-bas, elle monte de degrés en degrés, monte encore, monte davantage, jusqu'aux lieux où on frappe en silence sur les centres des vérités cachées pour en faire jaillir l'impérissable lumière des forces antérieures et supérieures donnant la clef de l'initiation divine qui seule changera spirituellement le monde par le sacrifice au soi divin.

Autrement on n'entend pas la Révélation première, abattue comme un arbre dans sa chute profonde, se réveiller sous la lourde pierre de la cécité
glacée ; autrement on ne la voit pas reprendre son
essor radieux, pareille à la colombe de l'arche briller
au-dessus des eaux, et rapporter au monde, au
soleil à la vie, le rameau ineffable et suprême, de
l'alliance sacrée du ciel et de la terre.

FIN

Poésies

—

Cieux innombrables

(Extraits)

LES VOIX DE L'AU-DELA

(PRÉLUDES)

D'un monde infortuné, je veux fuir aujourd'hui,
Comme un forçat lassé du labeur qu'il promène,
Les flèches de l'Esprit sans déchirer la nuit,
Se heurtent au gibet de la démence humaine ;

Tous les sommets sont noirs et tout effort est vain !
Oui, hormis le dernier, je ne veux plus de l'être...
Mais mes yeux à l'espoir se rouvriront demain,
Quand l'aube apparaîtra j'ouvrirais ma fenêtre,
Et j'attendrais, pensive, un rayon de bonheur !
Psyché me dit : « Renonce, achève ton épreuve
Pour récolter, il faut semer dans la douleur,
Et l'aube blanchira le ciel d'une âme neuve
Sortie à tout jamais des cercles du malheur. »

. .
. .

Des déserts inconnus où le divin s'achève,
Etoile de la Foi, conduis-moi vers mon Dieu,
Pour élever ma vie à la hauteur du Rêve,
Qui s'empare du ciel au vol d'un cœur de feu ;

Ma pensée est battue au milieu de l'orage
       Sur la brèche est ma Foi,
Désirs, oh ! quittez-moi, qui s'amende est un sage
       Sachant lire la loi.

En avant et tout seul, le but est en nous-même,
Puisque ta voix, Psyché, monte parmi les bois,
Par les chemins fortuits je dresserai l'emblème,
Effarant et sacré des forces de la croix ;

Le sanctuaire est paix, mais sa flamme est secrète
       Qui cherche son rayon,
Se couche sur le bois, de la croix du prophète :
       C'est l'Initiation.

Mais, j'ai peine à trouer la feuillaison profonde
Suivre sans ralentir l'élan de ton grand pas,
Psyché, pour déchirer les eaux lourdes du monde
Et disposer les fleurs qu'il ne connaîtra pas ;

∴

Être encor un acteur sur le brillant théâtre,
Des plaisirs opulents où voltige un vain nom,
Avide du butin, que faible, on idolâtre
Être fou de sa flamme... Quelle voix me dit « Non ».

C'est la voix du Destin, qui se dresse, tenace,
Déjà, je sens le dard du serpent qui m'enlace
            Du mal dont je mourrais ;
Je le sais et je reste au-dessus de mes peines,
J'entends le grincement monstrueux de mes chaînes
            Nature, je me tais ;

* *

Tous les feux sont éteints, au milieu du mystère
Jetant les vains hochets dans les mains de l'ennui,
Se dresse le Regret farouche et solitaire,
L'éclosion obscure et vague se poursuit...

O Regret, prends la page où fuit l'aile des anges,
Ensevelis-la loin sous l'herbe et le buisson,
Ecraser sous les faulx des célestes phalanges,
Mais du haut des sommets, quelle voix me dit « non ».

C'est la voix du Destin, de la loi qui m'opprime,
C'est le cri du vautour qui plane sur la cime
            Eperdûment vengeur ;
Force sombre, vautour noir qui me tient et me lâche,
Le soir vient, mais la nuit ne me rendra pas lâche,
            La force est à mon cœur.

Dans l'âme de mes chants vibre l'émoi de l'heure,
O sort, ayez pitié, ne les rejettez pas,
Ces oiseaux des sommets qui cherchent leur demeure,
De leurs vols élancés et ployés sous vos pas !

O descendre au jardin sous la fraîcheur des branches,
Oublier le Destin réfractaire et brutal,
Je ne demande rien que quelques miettes blanches,
Des bonheurs dispersés aux vents du sort fatal ;

« Le bonheur » dit Psyché « c'est de vaincre la terre,
— « Dis comment? » — « Par l'amour ardent et purifié,
Qui germe l'Idéal épars dans le mystère,
Ouvrant sa fleur immense aux pieds du crucifié ; »

La mer à l'onde obscure, aux vagues en délire
  L'impitoyable mer,
Sur la mer, pas de voile, et je n'ai que ma Lyre
  Sur l'Océan désert.

Rien, rien sur l'horizon à l'effrayant silence
      Que parfois le grand cri,
De mon âme, épuisée, archer de la souffrance,
      C'est assez, je péris ;

« Pars » commande Psyché, « c'est la mer tumultueuse,
Qui m'attire et non pas, le bocage enchanteur ;
La Parole doit vaincre une foule haineuse,
La voix de l'univers par moi parle à ton cœur. »

.· .·

« Dans les jardins des cieux ton âme a ses délices,
« Enfant, bénis l'espace, où par delà les temps,
« Tes songes triomphaux qui les ont pour complices
      Chanteront tous leurs chants. »

« La création est une genèse immense ;
Et tu sculptes son drame en ta chair de douleur,
Pour répandre ton âme à flots, âme qui pense
      Matin d'un jour meilleur ; »

« Psyché, vivante fleur de l'arbre de la vie,
Que ton lyrique vol s'élève enfin en moi,
Je viens mêler mon souffle à la claire Harmonie
      Qui chante libre en toi.

13

..

Fil d'or des purs amours que bénit le sourire
　　　　De la Divinité ;
Par les étroits chemins où le pied se déchire
　　　　Rayon d'éternité.

Tourment de l'Idéal, qui ne se peut atteindre,
　　　　Larmes de l'Infini,
Fleurs de Dieu, que Satan voudrait fouler, étreindre
　　　　Rayon à l'ombre uni.

Faites jaillir du ciel où voltigent les anges
Le torrent ruissellant les eaux du sommet pur !
Psyché, corde dans l'ombre, on chante les louanges
D'un monde éblouissant plein de voix et d'azur,
Ma Muse, je suis là ! Sans crainte des orages,
Aspirant ta pensée, épiant ton réveil,
Contre tous les écueils, contre tous les naufrages
Je graverai ton nom aux annales des âges
Je me lève, à ta voix, du terrestre sommeil.

LES FLAMBEAUX

MA MUSE

Je porte dans mes mains les hymnes de l'espace,
Les âmes en exil s'approchent de mon ciel,
Je réponds à l'éclair de la foudre qui passe,
Mais mon aile se heurte à ce monde charnel.

Je porte dans mes mains les oiseaux sans demeure,
Les cœurs émus de loin tressaillent à ma voix,
Je réponds au rayon de l'idéal qui pleure,
Mais mon corps plie et rompt et fléchit sous la croix.

Je porte dans mes mains les fruits d'or des Pensées
Et les Penseurs debout se sont tournés vers moi,
Pour franchir les degrés des clartés enlacées
Mais la foule me hait pour mépriser sa loi.

Je porte dans mes mains tout l'infini du Rêve,
Que le Seigneur passant m'a fait cueillir pour Toi,
Mon Verbe est la Beauté qui survit et s'achève,
Dans le monde inconnu qui me dicte sa Loi ;

Je porte dans mes mains les feux brûlant l'espace,
De l'amour, dépassant les horizons humains,
Allons, debout, amis, c'est le souffle qui passe,
Des grands cieux associés aux terrestres destins !

Je porte dans mes mains la Science Divine,
Des âmes s'entrouvrant aux suprêmes splendeurs
Les visions de feu qui jettent leur racine
Dans les noirs Océans des luttes et des pleurs ;

Je porte dans mes mains la dernière conquête,
De la vie enlacée à l'implacable Mort.
Debout soldats du Christ, et levez haut la tête
La main de l'invisible ouvre déjà le port ;

Je porte dans mes mains les heures de silence,
Qui descendent en l'Être arrivant à sa fin,
Parlez cœurs, elle est vôtre, heure de vie intense,
Radieux devenir, du grand jour, sans déclin ;

Je porte dans mes mains la fleur des solitudes
Qui console et parfume en la fière douleur,
Quand seul nous gravissons, les âpres altitudes
De l'Idéal aimé, qui seul nous rend meilleur ;

Je porte dans mes mains, les hymnes de l'espace,
Place au rayonnement qui détruit tout affront,
Je suis l'Esprit vainqueur de la chair qui l'efface
O Poète, je suis, la flamme de ton front.

LA LYRE

Jeunesse, amour, espoir, fuyaient au loin la plage
Tous les frissons du soir me traversaient le cœur,
Car leurs doigts effeuillaient les fleurs de mon bel âge,
Et près des bois les nids, avaient tu leur ramage, —
Je me sentais troublé, sous ton souffle Douleur !

O strophes de ma vie éparses dans la brume,
Fantômes de clarté devant mes yeux obscurs,
Vous clouez le Destin au désir qui consume,
Et nous restons là seul près du bûcher qui fume,
Brûlez dans les déserts, rêves des sommets purs.

Et sur le luth d'amour l'Archer se précipite,
Le divin groupe a fui aux murmurants adieux,
On pleure, on souffre, on tremble alors que l'espoir quitte
Les fêtes de la vie où l'Etre errant hésite
A jeter dans l'Oubli, ce qui charmait ses yeux.

L'illusion s'envole et la flamme demeure ;
Oh mon âme répond au sacré souvenir,
Etoile qui se lève et doucement effleure,
Les choses d'ici-bas, sort qui s'agite une heure
Mon âme, prend ton luth et leur donne un soupir.

Non, non luth qui frémit aux souffles des pensées,
Vaincu de l'idéal dans la nuit du Destin,
Toi luth abandonné des Muses enlassées,
Tu ne vibreras plus, tes cordes sont brisées,
En exhalant le cri du vertige divin.

Glaive de la Parole étreint par l'Espérance
Qui lève au ciel les yeux, sur terre est un banni,
Essors, rayons, oiseaux allez vers le silence,
Moi, je suis le penseur, captif de l'existence
L'enchaîné solitaire écoutant l'infini ;

Soudain du haut en bas les cordes de ma Lyre,
Etincellent serpent de cuivre dans la nuit,
Battant les flancs du roc, qui tordu se déchire,
L'Ombre transfigurée à l'Etoile soupire
Le nom de l'Harmonie ou l'aube calme luit ;

Les points d'or de la Lyre éclataient vers l'Etoile,
Les frissons du Passé me traversaient le cœur ;
Jeunesse, amour, espoir dont s'effacent les voiles
Chantez, l'Ombre descend, elle ouvre sous ses voiles
Les univers jaillis de ton arc. O Douleur !

LE PROPHÈTE

Un cœur blanc, par amour accepta les enfers !

Pour détacher du Ciel le verbe prophétique,
Il fiança son souffle aux souffles des déserts,
Aussi seul que la fleur sur les rochers des mers ;

Qu'était-il ? Le Prophète, une âme de la vie,
Il n'avait pour désir, il n'avait pour envie,
Que de saisir du vrai les palpitants éclairs ;

L'ère venait d'unir le multiple à l'unique
Car l'aurore parlait à l'horizon sonnant,
Et ses flèches tombaient dans l'espace vibrant ;

Lui, saignait tout son cœur au chemin de lumière ;
Goutte à goutte sous l'arc tendu de la prière
Jusqu'à l'abîme où Dieu terrasse le démon, —

13*

Il s'unit dans l'extase aux divines essences,
Il atteignit le point dépassant les puissances
Où la gloire des cieux embouche son clairon ;

L'ange fait de clartés, de blancheurs éternelles
Dans les flots de l'éther plein d'orgues solennelles
Fit paraître à ses yeux son prestige tonnant.

Et du cœur du prophète il sortit une flamme,
Il vit se déplier les ailes de son âme,
Jusqu'à l'amour qui naît pour l'autre firmament.

Comme un aigle royal abattu de sa sphère,
Le voyant grave et triste incliné sur la terre
Posant par-dessus tout la Loi comme un flambeau.

Clamait : « La certitude au fond de vos cœurs tremble,
Unissez-vous à Dieu, par le nœud qui rassemble
Et le rayon vaincra les ombres du tombeau ».

Les passants souriaient jetant à sa misère
Un aride regard plein d'ironie amère
« Otez de nos chemins ce fou qui dit voir Dieu ».

Un vieillard, nu, hagard, qui s'assied sur la pierre
Oh Seigneur, vos élus, sont faits pour le Calvaire
Oiseaux sans nid, perdus dans le désert de feu...

Un cœur blanc allumait aux cieux, son luminaire.

LES ÉLUS

Pèlerins de la Vie, aspirant aux ombrages
     De l'Arbre du Divin.
S'appelant dans la Nuit immense des Naufrages
     Ils cherchent leur chemin.
Ils sondent le Réel, contemplent l'Invisible,
     Rapportent Doute ou Foi :
Leur doigt en se posant sur l'œuvre du Possible
     Fait sortir une Loi.
Leur âme est sans repos : elle amasse sa gerbe
     Des fleurs de tous les champs :
Tout se mêle à leur sort, foudroyé, mais superbe,
     Confondant pleurs et chants.
Ils veulent la Lumière en la profondeur noire,
     Dieu permet au flambeau,
De jeter l'*Étincelle* en la nuit sans mémoire :
     L'aube sort du tombeau !
Ils avancent criant : « Recule ! » au Mal terrible,
     L'Esprit les pousse : « Allez,
« Pèlerins rayonnants, fronts qui servez de cible
     « Aux méchants aveuglés.

« Vos amours, vos travaux, vos cris dans les problèmes
         « Sont des livres fermés,
« Allez, hommes obscurs, vous ne savez vous-mêmes
         Quel mot vous a nommés.
« Allez, les échappés des ténèbres avides,
            « Les proscrits frissonnants,
« Qui dressez vos rayons sur les cîmes livides
         « Des devoirs menaçants.
« Allez, âmes d'azur, à travers les ténèbres
         Enivrés du grand Tout,
« Dans l'exil, dans l'oubli des silences funèbres :
            « L'Éternel est au bout.
« Vous vivez, vous luttez, inconnus de la foule,
            « Et saignant sous ses pas :
« Songeurs, voici la Mort, les ondes qu'elle roule
         « Ne vous atteindront pas.
« Vos sillons sont en fleurs, vos cendres dans la bière,
            « Vos ailes dans l'azur ;
« L'affront, le deuil, l'exil ont tissé de lumière
            « L'infini du ciel pur.
« Vous étiez les porteurs du flambeau qui libère
            « Par les flammes du cœur ;
« Venez, cerfs altérés, l'eau dit : Je désaltère
         « Les Elus du Seigneur ! »

SURSUM CORDA

Vis, mon cœur, en aimant tout ce que le ciel aime,
Sur le bord escarpé, sois maître du destin,
Fais ton nid, haut, plus haut sur la cîme suprême
  Où l'astre se lève au matin ;

Mon cœur ferme ton nid aux vains fracas des ondes,
Comme fait l'alcyon sur le rocher d'airain,
Qui l'ouvre à l'azur seul, vague d'amour des mondes
  Vers laquelle Dieu tend la main ;

Fais avec les frissons des univers sans nombre,
Qui grandissent sans fin aux souffles de l'esprit
Ton vol éblouissant qui sort libre de l'ombre
  De grand jour à jamais épris ;

Les nuages tonnant, cri noir de la tempête,
Prendrons tes horizons sans même t'émouvoir,
La terre tremblera, le châtiment s'apprête
  Demeure au nid du calme espoir.

Affirme-toi, mon cœur dans ce que le ciel aime
Sur le bord escarpé, sois maître du destin,
Fais ton nid, haut plus haut, sur la cîme suprême
  Où chante l'idéal divin.

SOUVENIR

Mes deuils passés pleuraient devant le Souvenir,
  Sans regrets immuable,
Mes chants printaniers scellés par le soupir
  Du temps irrévocable,

Le Souvenir demeure au monde indifférent
  Pure et inviolable
Il ne voit pas les pleurs, il n'entend pas le chant
  Echo de l'insondable.

L'oiseau gazouille au ciel, la fleur sourit à Dieu
  Sur la tombe embaumée,
Le Souvenir est là, résigné, sans adieu,
  Tu survis âme aimée.

MOSAIQUE

SANS ME PARLER D'AMOUR

Sans me parler d'amour, viens au jardin des roses,
  Voluptueux séjour,
Viens parmi l'harmonie incomprise des choses,
  Pressentiment d'amour ;

Sans me parler d'amour, viens sur le bord des ondes,
  Du suprême désir
Dans la gloire des lys et des âmes profondes
  Répondre à leur soupir,

Sans me parler d'amour sous les rayons stellaires
  Viens écouter les vents,
Lyres de la forêt, encensoirs séculaires
  Des parfums du printemps ;

Sans me parler d'amour dans le calme du rêve,
  Pure aube du divin,
Viens me dire que rien, ici-bas ne s'achève,
  Strophe d'amour sans fin ;

Sans me parler d'amour, viens me dire ta peine,
  Viens à moi pour pleurer
Près des lacs, près des fleurs, loin de la foule vaine
  Se comprendre et s'aimer.

LA TULIPE

Fleur d'or épanouie en l'ombre merveilleuse,
De la moire et de soie aux flottantes splendeurs,
De ses plis emplissant l'indolence orgueilleuse
Des salons blasonnés, linceul brodé des cœurs ;

Vous êtes sans parfum sur la tige hautaine,
Captives, aux fronts las, des vaines vanités
Songez-vous aux soleils ruissellant sur la plaine
Cantique des amours des éternels étés ?

Songez-vous aux frissons des rythmes adorables,
Hymnes s'évaporant, au matin des grands bois,
Dites au luxe ardent ces choses ineffables
Qu'il pleure d'ignorer, ô nature, ta voix.

Tulipe claironnant dans une ombre ondoyante
Des salons flamboyants les délices du Beau,
Les intimes parfums de quelque fleur aimante
D'obscurité sacrée éteignent ton flambeau.

A CEUX QUI SOUFFRENT

Il faisait ce soir là un silence profond,
La flamme du foyer agonisait dans l'ombre,
Quand ma porte s'ouvrit et un grand vieillard sombre
Vient s'asseoir près de l'âtre ou mourait le tison.

Les mains sur les genoux il baissait bas la tête
Accablé comme ceux qui sont las de fardeaux,
« Mais qui donc êtes-vous » et redressant le dos
Cet homme murmura « dans la ville il est fête »

« Et j'ai pris aux puissants, aux assouvis, sans cœur
Les essors de la joie et l'hymne de la gloire,
Pour les foyers éteints où glisse l'ombre noire. »
Et je vis dans sa main blanchir une lueur.

Et je lui dis « Passant l'Ombre pleure en silence
Sur les printemps enfuis mais toi qui donc es-tu
« L'Humaine adversité luttant pour la vertu,
Je suis riche de Dieu, je m'appelle souffrance ».

LE BONHEUR

Jadis je le cherchais sentant la frénésie
   Du Bonheur inconnu,
Couronnant sa beauté par mon âme choisie
   De mon rêve ingénu ;

Je l'ai cherché joyeux, triomphant, implacable,
   Désespéré vengeur,
Vie, azur, firmament dont la lumière accable
   Précipice et hauteur,

J'ai touché de mon doigt tous les points de l'espace
   J'ai bravé flots et vents
Au centre de la Nuit j'ai vu l'Eclair qui passe
   Sortir de l'Ouragan ;

« Eclair, oh réponds moi, dis, dis comment l'atteindre
   Il fuit sous tous les pas
Où donc est le Bonheur tout souffle peut l'éteindre,
   Le Bonheur il n'est pas !

« Où donc est le Bonheur ! » Au delà de l'Etoile,
　　　Farouche dit l'Eclair,
Et les ombres heurtaient ma frémissante voile
　　　Dans l'Océan désert.

Et j'échauffais mon cœur à ton soleil de flamme,
　　　Etoile vérité !
J'étais prédestinée à te vouer mon âme
　　　Ivre d'éternité ;

La vérité me dit : Mon joug enfant, libère
　　　Touché d'un astre au front,
Pour mon nom profané qui traîne sur la terre,
　　　Accepte un noir affront.

Sois de fer et de feu pour l'œuvre solitaire
　　　Gravée au firmament,
Il est là le Bonheur il est fait du suaire
　　　Qui dit « renoncement ».

Qu dels eu le Hombo) s : Au dela de l. toile,
faroucha dit l'Ecran, ...
El les ombres nou talent frac ... aho de ...
doux Dedu desort.

ar ... ...

Trois

LES ABEILLES

Abeilles, travailleuses agiles,
A vous la règle et la liberté,
Apportant les récoltes fertiles,
A la ruche d'or, votre cité ;

Vous affirmer la bonne nature
Qui confesse le devoir commun,
De cette solidarité pure, ·
Faisant la fortune de chacun.

Mais l'Esprit, abeille du mystère
Bâtissant le pilier souverain
Lui qui roule, tord, mêle à la terre
L'ombre et l'azur le sable et l'airain ;

Quand pour les splendeurs où Dieu respire,
Il butine en la fête des fleurs
Son parfum qui s'exhale soupire
Le mot incompris de ses douleurs.

La terre est de plomb pour la parole
Qui récolte rêves et frissons,
La Pensée, abeille du symbole,
N'a pas de ruches pour ses moissons.

Les abeilles du verger céleste
Ne font point leurs cités ici-bas,
Mais dans les âmes leur miel reste
Douces fleurs qui ne fanent pas.

LA NÉBULEUSE

I

Tumulte d'harmonie, à travers ombre et flamme
La Nébuleuse allait à l'abîme étoilé,
Ardente elle serait l'ineffable en son âme,
Et des soleils épars de toute part la lame
Montait éblouissante à son regard voilé ;

La Nébuleuse allait par l'immuable ligne,
Des suprêmes desseins qui n'ont pas de retour ;
La sanglante comète en vain lui faisait signe,
L'astre ouvrait son calice et lui semblait indigne
De surprendre l'espoir secret de ses amours ;

Nébuleuses berceaux où vagissent des mondes,
Qui deviendront soleils, gladiateurs de Dieu,
Dispersant l'Harmonie et tissant de ses ondes,
L'éther qui, ruisselant de mille voix profondes
N'est qu'un immense accord d'astres broyant leur feu.

Tu rêves à la Force ouragan et tonnerre
A travers les torrents d'astres impétueux,
Pour dompter l'éther, chaud fleuve de mille terres
Plongeant par tous les vents au sein du grand mystère,
Qui gouverne des temps les troupeaux soucieux,

La Force, fleur du Beau, Le divin équilibre
Délivrant la Pensée, échange d'océan,
Roulant sous l'œil de Dieu la vie à l'essor libre,
Souffles, appels, parfums où l'amour central vibre
Ecroulement épars des âmes se cherchant.

La Force dont la faux encercle les étoiles
Principe, but, milieu, dictame de l'amour,
Traçant aux univers leur sillon sur les toiles,
De l'ombre qui s'enflamme et brûle enfin les voiles,
Des brouillards déchirés par les flèches du jour,

Hymne de la nature aux drames insondables
O Force ciselant l'Epopée — Univers,
Et liant les épis des mondes innombrables
Qui répètent les mots des choses ineffables
Dont l'haleine pénètre échauffe les éthers.

Sur le chemin des airs d'où sort l'éclair rapide,
La Nébuleuse attend ton éclatant essor,
Sous les réseaux des cieux, azur que rien ne ride,
Avec tous ses espoirs palpitant dans le vide
Elle tord dans la nuit les berceaux d'astres d'or ;

De ce monde charnel détachant les sandales
O idéals brisés en poudre sous les pieds,
Nébuleuses, tordant de bizarres spirales
Luth voilé, chants éteints sur les muettes dalles
Cohortes des soleils, aux pas multipliés

Par les zones sans fin allez, roulez vos ondes,
Idéals Nébuleux rêvant l'éternité,
La Force, amour portant jusqu'au sommet des mondes
L'Harmonie épanchant les délices profondes
En folle passion, disperse sa Beauté.

TRILOGIE FÉMININE

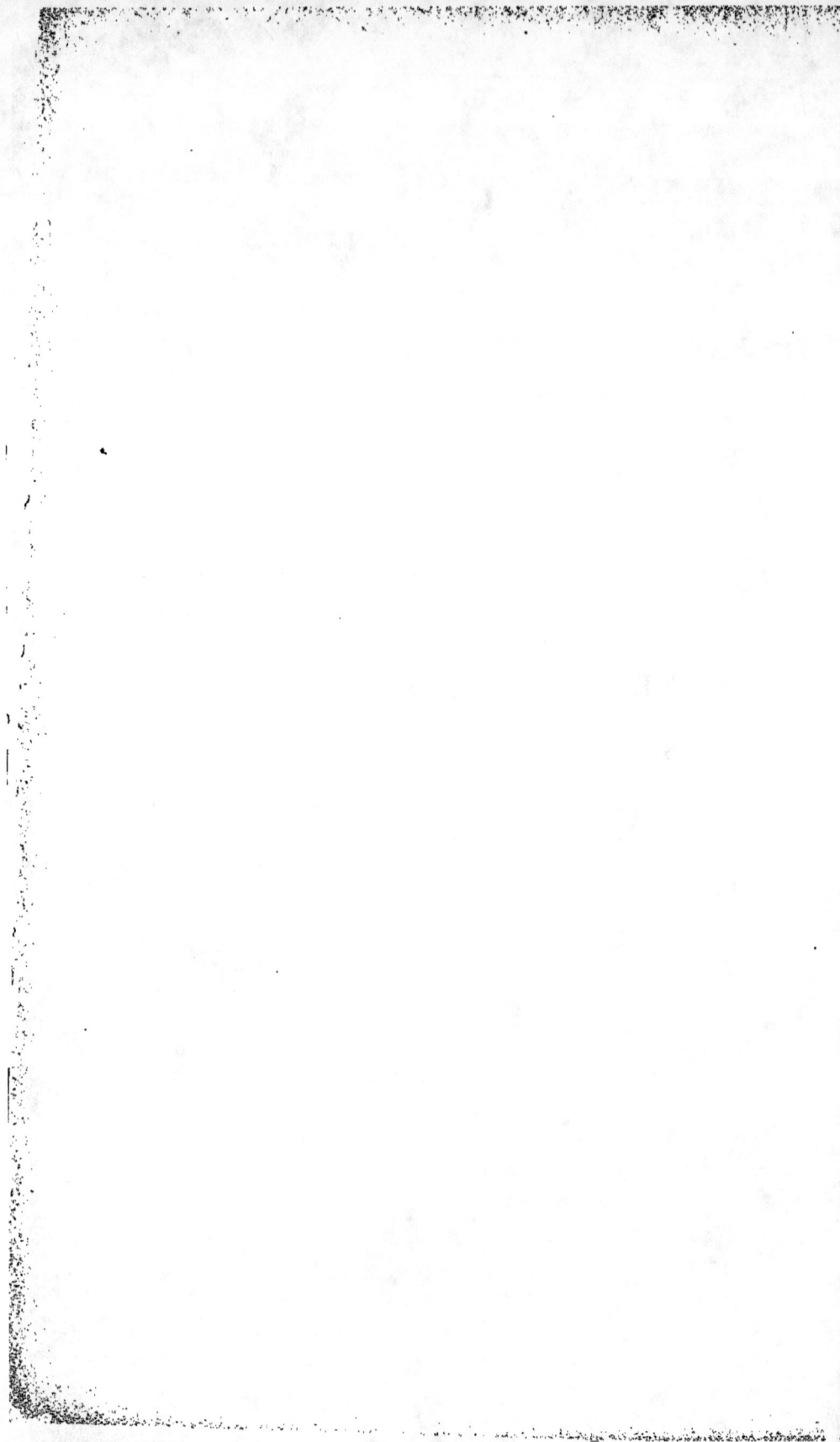

HÉLÈNE

Applaudie ou maudite et toujours imposante,
Elle est fille du Cygne en les bras de l'Amour,
Qui la jette, la prend, l'étreint indifférente
Hélène aux yeux d'azur couvrant d'ombre le jour ;

Captive, elle reçoit les suprêmes hommages
Des hommes menaçant dont le glaive est tombé,
À sa vue innocente et portant les ravages
Dans le sein des héros lui parlant front courbé,

Le Désir meurtrier qui l'effraye et l'afflige
Le long sillon d'amour qui suit son sort errant,
C'est l'arrêt des Destins fendant de leur quadrige
Le peuple des humains décimé dans le sang ; —

Elle est fille du Cygne ! — Et dans la Troie en flamme
Passe dans sa candeur le voile rejeté,
Les Destins déchaînés n'ont pu souiller son âme ; —
Rien n'atteindra ton type, éternel, ô Beauté !

14*

OPHELIE

Près du lac transparent, plein de mélancolie,
Reflétant l'au-delà, mystérieux désir,
Dans ta pâleur cruelle, ineffable Ophélie,
Tu viens les bras chargés des fleurs qui font mourir.

Fleurs de la volupté, de l'angoisse adorable,
Distillant le poison de brûlantes langueurs,
Tout l'éblouissement d'un destin misérable,
S'enivrant de l'éclat qui laisse obscur le cœur.

Ophélie, effeuillant aux brises soupirantes,
Les fleurs du rêve intense, hymne de ton émoi,
Ophélie, aux yeux las aux lèvres murmurantes,
Les chansons de ton cœur qui tressaille d'effroi.

L'attrait du gouffre est là dans tes vastes prunelles
Au mirage indécis. Fleurs de pourpre et de sang,
Fermez-vous sous ses doigts, ombres ouvrez vos ailes,
La soif de l'Idéal dévore cette enfant.

Fleurs d'amour, elle meurt de vos chimères vaines,
C'est pour avoir chanté vos chants d'illusions
Et miré son visage à l'eau de vos fontaines,
Que son œil est hagard, voyant des visions.

Vision de bonheur dont tremble sa paupière
Elle est à vous, ô rêve, à vous éperdûment
Et le dernier flambeau qui dans la nuit l'éclaire
Est de chercher la fleur que regarde l'amant.

Choisirait-il la rose aux exquises pétales,
Le Lys inaccessible, au jet éblouissant,
Le doux œillet germant les parfums de santales,
Une voix lui dit bas : « Il songe au lotus blanc ».

Près du lac transparent, plein de mélancolie,
Reflétant l'au-delà, mystérieux désir,
Tu ne cueilleras pas, malheureuse Ophélie
Le Lotus rayonnant qui pourrait te guérir.

La fleur de la sagesse et ses tiges profondes,
Prisonnière des eaux qui gardent leur secret,
Sortent de la raison, sceau de vertu des mondes
Qui glisse entre les doigts d'Ophélie et d'Hamlet

CÉRÈS DEMÉTER

Divinité de paix, divinité féconde,
Qui fait croître la terre, en vertus, en beauté,
Mère, formant les lois qui gouvernent le monde.
O Déesse, portant le nom : Félicité.

. .

Les Heures saluant ton auguste présence
Voilent l'ombre des temps de leur clamyde d'or,
Eleusis, profilant l'insondable silence
De ton livre coupé, cache l'intime essor ;

. .

Eleusis, ton rideau tout chargé de symboles,
Se lève dévoilant l'infini, l'inconnu,
Nous pressentons le sens replié des paroles
Etoile s'envolant, rameau d'un tronc perdu ;

∵

Ton drame pathétique en effleurant les âmes,
Y jetait les clartés des paradis profonds,
Deméter, contenait, une aurore de flammes
Assise sur son char, traîné par des dragons ;

∵

On la voit enchanter d'un sourire la terre
Et les vertes forêts où passe le lion,
Au champ de Rharius, athlète du mystère
Triptoréme reçoit de ses mains l'aiguillon ;

∵

Madone de l'Olympe à la moqueuse orgie,
Cérès va, bénissant, les blés de la moisson,
Dont l'or irise ardent une claire effigie,
Ou d'un ferme ciseau, elle sculpte son nom.

∵

On la voit éperdue, en proie au deuil sans bornes,
Les vents des passions, soufflent le noir Destin,
Et les champs nyséens sont des ténèbres mornes,
La vierge est enlevée au firmament divin.

.·.

Sa fille Proserpine, en cueillant le narcisse
Par Pluton, fut ravie au gouffre de la mort,
Fleurs pures, refermez votre odorant calice,
La terre et les enfers se partagent le sort ;

.·.

Océanides, chœurs des joyeuses compagnes,
Fuyez à l'horizon loin du champ parfumé,
De ses regards ardents parcourant les campagnes
Du Nord au Sud, Cérès pleure l'enfant aimé !

.·.

Cymbales, gémissez, prêtre à la robe blanche,
Secouez les flambeaux des tumultes vengeurs,
Dédale du mystère où le divin s'épanche,
Répétez les échos des suprêmes douleurs ;

.·.

Proserpine, est tombée en la nuit attristée,
Le glaive masculin flamboyait dans les cieux,
Mais l'invisible feu de sa vie arrêtée,
Fait germer en l'hiver les printemps radieux,

..

Le drame d'Eleusis a déchiré son voile,
Proserpine renaît, sort de l'abîme obscur,
Le secret de la vie aux humains se dévoile,
C'est la femme jettant le linceul de l'impur ;

..

Initiés, exhalez les préludes mystiques,
Hiérophantes errants, fêtez le grand retour,
Ouvrez les livres saints des drames hiératiques,
L'Esprit du Féminin courbé se dresse au jour.

. . .

Divinité de Paix, divinité féconde
Faisant croître la terre en vertus, en beauté.
Mère, formant les lois qui gouverne le monde
L'éternelle Harmonie à nous : Féminité.

PAX

JE VIENS, SEIGNEUR

Je viens à vous, Seigneur, parce que je suis lasse,
L'acte de votre amour résonne dans mon cœur,
Je viens à vous, Seigneur, parce que dans l'espace
Se dresse au lieu profond l'image du Sauveur.

Je viens à vous, Seigneur, parce que mon cœur saigne,
Que je ne veux plus rien que votre volonté,
Je ne crois qu'à la Paix que votre bouche enseigne,
Et la Force éternelle est dans votre Bonté.

Je viens à vous, Seigneur, pour aimer et pour vivre,
Renouveler, mon Dieu, mes puissances d'amour,
Que mon esprit vous suive à jamais, qu'il se livre
A la Beauté sans fin que verse votre jour.

Je viens à vous, Seigneur, parce que je suis lasse,
L'acte de votre Amour peut seul briser mes fers ;
Je veux la Plénitude, et votre Esprit qui passe
M'ouvre les Infinis, miroirs des Univers.

LES ANGES GARDIENS

Ils sont là, près de nous, dans l'ombre et le mystère,
Préparant, attendant notre labeur obscur,
Pour tous les cœurs saignants ils ont une prière,
Et pour toutes les nuits ils ont un coin d'azur ;

Ils nous disent tout bas la clémente parole,
Puis retournent là-haut parler à Dieu de nous,
Ils sont le souffle pur qui rassure et console,
Sur le seuil de la nuit où l'on tombe à genoux.

Ils veulent nous sauver des illusions vaines,
Les anges, ils sont là, cœurs purs et flamboyants,
Qui passent des rayons dans l'anneau de nos chaînes.
Et nous avons alors des larmes et des chants ;

Nous avons cette strophe errante sur la Lyre,
La volonté du sort qui nous rendra meilleurs,
L'amour, l'amour ardent qui tressaille et soupire,
Pour se lever étoile en la nuit des douleurs.

Que de fois nous voilons leurs rayons par nos fanges,
Muraille obscure où bat le monde des Esprits ;
Que de fois, cette chair attriste les archanges
Attachant à nos fronts leurs regards incompris.

Venez, venez enfin dans les flots de l'aurore
Messagers du vrai Dieu que nous devons servir,
Car vous êtes les nids du divin prêt d'éclore,
Il est l'oiseau blessé que vous voulez nourrir !

Vous avez accepté de descendre des cîmes
Sous les arceaux obscurs de l'appel palpitant
De surgir, clairs flambeaux, au-dessus des abîmes,
Pour que l'homme agrandi se transforme en luttant ;

Vous avez accepté, et c'est là le problème,
Tout être, dès qu'il voit, quel est le vrai chemin,
Même à travers ses maux doit accepter de même
De marcher au devoir guidé par votre main ;

Par vous, nous relions la nature changeante,
A l'essence commune à toute éternité,
Et par le seul attrait du vrai Bien qui nous tente
Plus fort que le destin dressons la volonté ;

Vous êtes les témoins de l'unique sagesse
Qui jamais ne troublant ses immuables lois,
Sait descendre à l'Esprit par la chaîne que tresse
Le sensible univers plein de souffle et d'émois.

Voici nos cœurs errants pour votre vertu stable,
Le chaos des désirs fondu dans l'unité,
Notre mutation qui marchant sur le sable
Fonde un verbe absolu sur le roc de beauté ;

Ceci c'est le prodige et c'est la récompense,
Pour la vertu secrète et pour l'effort constant.
Il faut l'isolement pour la forte croissance
Comme il faut des combats pour être conquérants ;

Comme nous, vous savez la sourde indifférence,
Le souverain mépris des hommes, des destins,
Pour l'essor sans tumulte éclos dans le silence
Heurtant le seuil glacé des préjugés hautains ;

Comme nous, vous savez que la parole vraie
Doit combattre le froid et le torrent jaloux,
Frères de l'invisible, entourés de l'ivraie
Sur la terre autrefois vous fûtes comme nous.

Pionniers inconnus en la pleine discorde
Vous avez avancés par le sentier étroit,
Pour le règne de Dieu que la Lumière accorde
Vous avez claironné le bon combat du Droit ;

Le Seigneur a comblé votre juste espérance,
Lui, de tous les progrès, le ferment généreux,
Vous êtes là pour Lui, qui règne et qui s'avance
Apaisant, sous ses pas, les destins orageux ;

∴

Viens à travers les temps, à travers les espaces,
Christ, Dieu de notre race aux courants affaiblis,
Les corbeaux dévorants aux mortelles audaces
Enveloppent le monde en des tortueux plis ;

Toi, gouvernant le Bien par ton pur sacrifice
Autel évocatoire à l'arcane secret,
Ouvre-nous les parvis de ta sainte milice,
Qui travaille en silence à l'œuvre qui te plaît ;

Viens ouvrir à nos cœurs tes richesses sans nombre
L'Eglise a rejeté le plus pur du froment...
Et le verbe pervers souille tout de son ombre,
Le tribunal des cœurs attend ton jugement.

Et ce monde est jugé par ta force maîtresse
Qu'il meurt dans le chaos ou s'unisse à tes lois,
Témoignant aux humains de la sainte Sagesse
Au cœur libre donnant la liberté du choix ;

Pour assurer son droit dans la cité divine
Et gagner pour le ciel les ailes de l'Esprit,
Il faut porter sa croix et marcher sur l'épine,
O guide inspirateur, c'est vous qui l'avez dit.

PRIERE AUX ESPRITS

Dans vos purs encensoirs, portez notre prière
   Esprits peuplant les cieux,
Flambeaux du Dieu vivant de la vertu première
   Qui rayonne à vos yeux ;

Vous qui libres lisez les secrets du symbole,
   De l'Initiation,
Incarnant dans le souffle épars de la Parole
   La Révélation ;

Faites luire à nos fronts les clartés infinies
   Cime de la Raison,
Mêlez toute notre âme aux grandes harmonies
   Qui murmurent : Pardon ;

Car voici notre esprit, voilier luttant dans l'ombre
   Sinistre et dans le vent,
Qu'il s'en aille plus loin à travers cette eau sombre
   Que foule l'ouragan.

Plus loin que cette foule où s'amasse l'envie
           Au souffle empoisonneur,
Loin du banquet banal qui là-bas nous convie
           Vers le torrent vengeur,

Le torrent solitaire au spectacle sublime
           De ... anime univers
Seul vivant dans la mort d'un monde si infime
           Forgeant d'indignes fers,

Dans vos purs encensoirs portez notre prière
           Vers l'autel du Sauveur
L'âme souffre, elle attend qui vient de la Lumière
           Dans la Paix du Seigneur.

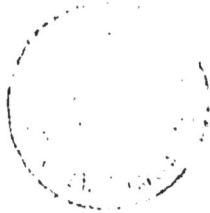

TABLE DES MATIÈRES

—

Dédicace : Aux jeunes générations . . . .   **v**

Introduction sur la méthode du féminisme spiritualiste et initiatique. . . ! . . . .   **ix**

Du féminisme spiritualiste et de l'éducation de la
croyance. **3**

La mission de la femme au xxᵉ siècle **31**

La Renaissance religieuse **55**

Ce que c'est que le féminisme spiritualiste . . .   **93**

Vers le *Credo* universel **119**

Du caractère fondamental du féminisme spiritualiste **151**

Des grandes initiations féminimes et de leur symbolisme **185**

POÉSIES, CIEUX INNOMBRABLES (extraits)

Les voix de l'au-delà **213**

LES FLAMBEAUX

Ma Muse. **221**

La Lyre. **223**

Le prophète **225**

Les Elus. **227**

Sursum Corda **229**

Souvenir **230**

MOSAIQUE

Sans me parler d'amour	233
La tulipe	234
A ceux qui souffrent	235
Le bonheur	236
Les abeilles	238
La nébuleuse	240

TRILOGIE FÉMININE

Hélène	245
Ophélie	246
Cérès Déméter	248

PAX

Je viens Seigneur	255
Les anges gardiens	256
Prière aux Esprits	260

Saint-Amand (Cher). — Imprimerie Bussière.

DU MÊME AUTEUR

à paraître nouvelles éditions entièrement refondues
précédentes, incomplètes, épuisées

PROSE

SÉRIE FÉMINISTE-SPIRITUALISTE

Rossia. *Le terem* (La Russie antique et mystique), *Catherine II législatrice* (La Russie moderne et libre-penseuse), *Pouschkine, sa Vie et son Œuvre* (La Russie littéraire et nationaliste). Un fort volume.

Les Femmes et la Vie. *La Femme nouvelle, L'Idée et l'Amour, Les Batailles de l'Idée.* Série en 4 volumes.

Étincelles de l'au-delà. *La dernière des Druidesses, Pensées sur l'Acropole, La Révélation.* Un volume.

Mélange. Un volume.

POÉSIES

Poèmes. *Fleurs mystiques, Images ressuscitées, Coup d'ailes, Cieux innombrables.* Deux forts volumes.

SAINT-AMAND (CHER). — IMPRIMERIE BUSSIÈRE.

www.ingramcontent.com/pod-product-compliance
Lightning Source LLC
Chambersburg PA
CBHW070734270326
41927CB00010B/1988